Wolfgang Belitz

Freiheit durch Gerechtigkeit

Band 2

Wolfgang Belitz

Freiheit durch Gerechtigkeit

Band 2

42 Kolumnen zur sozialen Gerechtigkeit
in Kirche und Gesellschaft

erschienen von 2010 bis 2020
in der Vierteljahreszeitschrift AMOS

herausgegeben von
Walter Wendt-Kleinberg

Bibliografische Information der Deutschen Nationalbibliothek: Die Deutsche Nationalbibliothek verzeichnet diese Publikation in der Deutschen Nationalbibliografie; detaillierte bibliografische Daten sind im Internet über dnb.dnb.de abrufbar.

Buchgestaltung: Ulrike Kleinberg

© 2021 Wolfgang Belitz

Herstellung und Verlag: BoD – Books on Demand, Norderstedt

ISBN: 9783754323212

Inhalt

VI

Vorwort

Mit dem Band „Freiheit durch Gerechtigkeit 2" liegen nun sämtliche Kolumnen von Wolfgang Belitz vor, die in der Vierteljahreszeitschrift AMOS veröffentlicht wurden. Vor genau zehn Jahren haben wir unter dem selben Titel die ersten fünfzig Texte zu seinem siebzigsten Geburtstag herausgegeben. Nun sind in den folgenden zehn Jahren zweiundvierzig weitere Texte entstanden. Mit seinem achtzigsten Geburtstag hat Wolfgang Belitz dieses Projekt abgeschlossen und sich in seiner letzten Kolumne von seinen Leserinnen und Lesern verabschiedet. So bedauerlich dies ist, so hat er uns mit seinen grundlegenden kritischen Texten zu Kirche und Gesellschaft einen wertvollen Schatz hinterlassen.

Über einen Zeitraum von zweiundzwanzig Jahren, von 1998 bis Oktober 2020, hat Wolfgang Belitz die kirchlichen und gesellschaftlichen Ereignisse und Entwicklungen von sozialethischen Grundlagen aus kritisch kommentiert. Dies in einer analytischen Klarheit und sprachlicher Brillanz, die ihresgleichen sucht. Seine Beiträge sind ein bedeutendes Dokument der Zeitgeschichte und weisen trotz jeweils aktueller Bezüge weit über die Tagesaktualität hinaus.
Ihr Gewicht wiegt umso mehr, als in der gesellschaftlichen und kirchlichen Öffentlichkeit kritische Stimmen weitgehend verstummt sind. Jahrelang haben Medien, Politik, wirtschaftswissenschaftliche Institute die Menschen in diesem Land einer systematischen Gehirnwäsche unterzogen. Wie anders lässt sich erklären, dass gegen den Abbau des Sozialstaates, gegen Niedriglöhne und prekäre Arbeitsplätze, Armut auf der einen Seite und gegen einen geradezu obszönen Reichtum weniger, der durch Umverteilung von unten nach oben entstanden ist, sich kein nennenswerter Widerstand regt.

Innerhalb der Kirche sind seit vielen Jahren kritische Stimmen verstummt. Alle Einrichtungen, die sich mit Arbeitslosigkeit, Arbeitsverdichtung, Arbeitsplatzabbau, Berufsnot von jungen Menschen auseinandergesetzt haben sind geschlossen oder bis zur Unkenntlichkeit verkleinert worden. Es gibt keinen kirchlichen Dienst in der Arbeitswelt mehr, keine Sozialsekretärinnen und Sozialsekretäre, keine Jugendbildungsreferentinnen, keine Sozialpfarrerinnen und Sozialpfarrer mehr. Die noch verbliebenen Restbestände sind längst zum Streichen vorgesehen. Auch damit hat sich die Kirche von den Prinzipien der Sozialen Gerechtigkeit verabschiedet. An das einst Hoffnung versprechende Sozialwort der Kirchen von 1997 kann und will sich in den Kirchen niemand mehr erinnern.

Gegen diesen unseligen Zeitgeist stemmen sich alle Texte von Wolfgang Belitz. Er bringt die versteinerten Verhältnisse in Kirche und Gesellschaft durch die in der Frohen Botschaft des Evangeliums enthaltene Sozialethik zum Tanzen. „Arbeit, Arbeitslosigkeit, die Zukunft der Arbeit im Kontext des biblischen Gerechtigkeitsverständnisses, die Soziale Frage unter den jeweiligen gesellschaftlichen Verhältnissen begreifen, in theologisch und sozialwissenschaftlich fundierten Beiträgen Position zu beziehen", das ist das Anliegen von Wolfgang Belitz und davon handeln seine Texte. Sie leisten eine wichtige, ja unverzichtbare Aufklärungsarbeit in diesen bleiernen Zeiten der neoliberalen Konterrevolution.

Von den harten Propheten des Neoliberalismus wird immer wieder vorgetragen, die hohen Kosten des Sozialstaates seien nicht länger finanzierbar, die Arbeit zu teuer, Arbeitslosigkeit lasse sich durch Wachstum beseitigen, sie sei ein Bildungsproblem und die freie Wirtschaft sei immer effektiver als der Staat. Deshalb müsse der Staat auf wenige Grundaufgaben zurückgestutzt werden. Deregulierung und

Privatisierung sind die Zauberworte dieses inhumanen Politik- und Wirtschaftsverständnisses.

Wolfgang Belitz macht deutlich, dass diese marktradikalen Heilsversprechungen nirgendwo eingelöst wurden. Sie haben im Gegenteil weltweite und langdauernde Krisen ausgelöst. Die Kosten dieser Krisen tragen wieder diejenigen, die nichts zu deren Entstehung beigetragen haben. Zur Rettung der Banken musste der neoliberal verachtete Staat mit den Steuerbeiträgen aller Bürger einspringen. Doch die neoliberalen Propheten halten trotz der weltumspannenden Krisen und deren verheerenden Folgen an ihren Ideologien fest und sitzen nach wie vor als Apologeten in den Universitäten und Instituten und sind in fast allen Parteien fest verankert. Von einer Wirklichkeit, die ihren Heilssätzen widerspricht, lassen sie sich nicht irritieren. Sie wissen sich im Bündnis mit den Mächtigen und Reichen und das reicht.

Die Kirchen mit Diakonie und Caritas sind einer der größten Arbeitgeber in Deutschland. Alle Arbeitsverhältnisse sind unter dem harmlos klingenden Begriff Dienstgemeinschaft gefasst. Den in dieser Dienstgemeinschaft tätigen Frauen und Männern werden aber wesentliche Grundrechte vorenthalten. Es gilt nur eine schwache Form der Mitbestimmung und das Streikverbot. Auf der Basis der Recherchen von Hermann Lührs steht fest, dass der Begriff der Dienstgemeinschaft ein nationalsozialistischer Begriff ist. Er wurde gerne von den Kirchen 1934 aufgenommen und spiegelt auch ihre gewerkschaftsfeindliche Grundausrichtung wider. Belitz und andere machen deutlich, dass mit der Beibehaltung dieses nationalsozialistischen Begriffs auch nach 1945 die gleichen Inhalte übernommen wurden. Auch dies ist hier nachzulesen.

Die Beiträge von Wolfgang Belitz sind sprachliche Kleinode, geschliffen formuliert, sie mischen Humor, beißende Kritik mit großem theologischen, wirtschafts- und sozialwissenschaftlichen Wissen. Es macht einfach Freude, sie zu lesen.

Zu dieser Ausgabe haben wir keine den Text begleitenden Graphiken. Hartwig Ammann, der den ersten Band gestaltet hatte, ist leider gestorben. In Würdigung seiner Arbeit und in Erinnerung an ihn haben wir eine seiner Graphiken in leicht verfremdeter Form als Umschlag genutzt.

Wir wünschen Wolfgang Belitz zu seinem achtzigstem Geburtstag Gesundheit, Kraft und Gottes Segen. Wir hoffen aber uns auch weiterhin an seinen Kenntnissen und Erkenntnissen erfreuen zu dürfen. Herzliche Grüße auch von der AMOS-Redaktion.

Schwerte und Dorsten, Sommer 2021

Dr. Hans-Udo Schneider und Walter Wendt-Kleinberg

DER FIVUNDFUV-Gipfel [1]

Die beiden reichsten Männer der USA und manchmal auch der Welt, Bill Gates und Großinvestor Warren Buffet haben eine Bürgerinitiative amerikanischer Milliardäre ins Leben gerufen mit dem Namen „The Giving Pledge" (Das Spenden-Versprechen). Alle 371 Dollarmilliardäre des Landes sind aufgerufen, der Initiative beizutreten mit dem Versprechen, die Hälfte ihres Vermögens für wohltätige Zwecke zu spenden. Nimmt man z.B. gemäß der jüngsten Forbes-Liste die Hälfte des Vermögens der 15 Reichsten, kommt man auf eine Summe von 171 Milliarden Dollar, die als Stiftungsvermögen verortet dauerhaft Milliardenerträge erbringen würden zur Linderung sozialer Probleme. Dem Vernehmen nach haben sich bislang 40 Betroffene der Bürgerinitiative angeschlossen, darunter der Bürgermeister von New York, der Star Wars Regisseur, der Oracle Mitbegründer und der CNN Besitzer.

Auf der einen Seite muss man diese ungewöhnliche Initiative nicht über die Maßen bewundern. Opfer werden nicht gebracht und Schmerzgrenzen nicht erreicht. Die Operation verläuft schmerzlos. Denn wer als Milliardär auf die Hälfte seines Vermögens verzichtet, merkt davon wenig und verzichtet auf nichts. Er hält seinen Lebensstandard, behält seinen Privatjet und kann sich weiterhin auf höchstem Niveau alles leisten, was er will. Daraus lernen wir: Der Überfluss kann den Mangel mildern ohne schmerzhafte Einschnitte.

---

[1] Zu „Freiheit **In** Verantwortung **UND** Freiheit Und Verantwortung" siehe auch die beiden Kolumnen in AMOS 4-2009 „Freiheit in Verantwortung" und in AMOS 1-2010 „Die Stunde der Wrestler"

Auf der anderen Seite bleibt diese Initiative dennoch eine einsame Spitzenleistung der FIVUNDFUV-Ethik, die in wirtschaftlichen, kirchlichen und sonstigen konservativen Kreisen bei uns hochgehalten wird als Alternative zur sozialen Gerechtigkeit. Um jeder Verteilungsfrage auszuweichen, wird Ethik zur Individualethik verkürzt, die einen lockeren Rahmen absteckt für ungestörtes und unbedrängtes Verhalten in Freiheit und Verantwortung. Inhalte werden selbst bestimmt. Aus diesem Kontext heraus wird verständlich, warum die FIVUNDFUV-Ethik hierzulande keine Handlungen hervorbringen kann, die den amerikanischen Dimensionen entsprechen könnten. Wenngleich die Unternehmerdenkschrift der EKD genau weiß, dass deutsche Unternehmer *„zum Teil erhebliche Geldmittel in gemeinnützige Stiftungen"* einbringen. Leider haben wir dabei ein typisch deutsches Problem, wie die Denkschrift fortfährt: *„ Unternehmer wagen sich aus Angst vor einer Neiddebatte ... mit ihrer Wohltätigkeit nicht aus der Anonymität. "* Wir haben in Deutschland keine vergleichbare Bürgerinitiative unserer sagen wir knapp 100 Euromilliardäre. Niemand erwartet, dass sie dem amerikanischen Beispiel folgen, aber als Anhänger und elitäre Vertreter der FIVUNDFUV-Ethik müssen sie sich schon mit dieser Anregung auseinandersetzen und prüfen, ob bei ihnen ein rudimentäres Gefühl dafür vorhanden ist, dass der Reiche mit FIVUNDFUV-Gewissen etwas zurückgeben sollte an die Gesellschaft, die ihn hat groß werden lassen. Wir haben in Deutschland aber seit 2008 die „Initiative Vermögender für eine Vermögensabgabe", der sich bislang 48 wohlhabende Bürger angeschlossen haben. Laut OECD ist die Bundesrepublik Deutschland das Industrieland, in dem die Vermögen am wenigsten bzw. so gut wie gar nicht mit Steuern und Abgaben belastet werden. 1997 wurde die Vermögenssteuer abgeschafft. Im Laufe der letzten Jahre wurde der Spitzensteuersatz von 56% auf 42% abgesenkt (ab 2009 +3% Reichensteuer!). Der Einkommenssteuersatz der Unternehmen sank von 40% auf 15%. Deutschland ist ein Paradies für Reiche. Der Nutzung einer im Ganzen vorzüglichen Infrastruktur, der Qualität eines überreichen kulturellen Angebots und einem umfangreichen Katalog weiterer öffentlicher Dienstleistungen stehen äußerst geringe finanzielle Beiträge der Reichen gegenüber, die schmachvoll hinter deren Potential zurückbleiben. Des Weiteren werden ökonomische Krisenkosten und steigende soziale Kosten in großem Umfang von den kleinen Leuten getragen. Darum fordert die „Initiative Vermögender": *„Menschen mit einem Vermögen von über 500.000 Euro müssen mit einer auf zwei Jahre befristeten Vermögensabgabe in Höhe von jeweils fünf Prozent in die Pflicht genommen werden."* Danach sollte es eine Vermögenssteuer von mindestens einem Prozent geben. Unsere Position ist klar: Die hiesigen Vorschläge setzen politisch-demokratische Entscheidungsprozesse voraus mit gesetzlichen Regelungen auf dem Wege zu mehr sozialer Gerechtigkeit. Unsere reichen Mitmenschen müssen stärker belastet werden unter Berufung auf das Recht.

Da ist die im Grundgesetz verankerte Sozialpflichtigkeit des Eigentums und da sind die in der Erklärung der Menschenrechte niedergelegten sozialen Grundrechte. Damit ist der Weg bezeichnet, der einer Wirtschafts- und Gesellschaftsordnung entspricht, die auf dem sozialethischen Wertsystem von „Freiheit durch Gerechtigkeit" beruht. Das FIVUNDFUV-Projekt hingegen ist individualethisch begründet, rechtlich unverbindlich und inhaltlich willkürlich. Kritiker gehen soweit zu behaupten, Großspenden entziehen dem Staat Steuermittel, entziehen sich demokratischer Kontrolle, verleihen auf der anderen Seite aber den Subjekten eine gesellschaftliche Steuerungskompetenz und eine nicht legitimierte gesellschaftliche Gestaltungsmacht. Dennoch sage ich: „Freiheit in Verantwortung" ist gut, aber „Freiheit durch Gerechtigkeit" ist besser. Ein wenig wehmütig füge ich hinzu: Sollte der amerikanische Traum das Sommerloch überleben und hierzulande ein nachhaltiges politisches Echo finden, so erinnere ich gerne wieder einmal an unser gediegenes und umfassendes Konzept einer zweckgebundenen „Artikelvierzehnabgabe" zur Finanzierung von Arbeitsplätzen in alten oder neuen Nonprofitinstitutionen und vor allem von Arbeitsplätzen in selbstorganisierten neuen kreativen Arbeitsfeldern. Erforderlich sind entsprechende Gesetze, erwünscht sind reichhaltige FIVUNDFUV-Aktivitäten.

Hartztod

Wie wir alle mit großer Spannung verfolgt haben, hat das Bundesverfassungsgericht am 09. Februar 2010 verkündet, dass der Regelsatz für den Lebensunterhalt von Hartz-IV-Empfängerinnen bis zum Jahresende neu, d.h. transparenter und bedarfsorientierter berechnet und beschlossen werden muss. So ist es in letzter Minute geschehen. Der Regelsatz wird um 5 Euro von 359 Euro auf 364 Euro angehoben.

Die Würde des Menschen ist antastbar. Das universale Grundrecht auf Leben und die freie Entfaltung der Persönlichkeit (Art. 2 GG) wird durch die Hartz-Gesetzgebung verletzt. Es gibt eine materielle Grundlage der Entfaltung der Persönlichkeit, die bei den niedergelassenen Ärzten 2011 auf höchstem Niveau um 617 Euro p. M. und bei den Ärmsten 2011 auf niedrigstem Niveau um 5 Euro p. M. wächst. Daraus ergibt sich eine Menschenrechtsproportion von 123:1. So wollen es die gesellschaftlichen Machtverhältnisse. Damit ist ein Ausmaß gesellschaftlicher Ungleichheit erreicht, das ethisch vollkommen inakzeptabel ist und allen christlichen Werten Hohn spricht. Da die herrschende Regierungspartei sich seit dem Karlsruher Parteitag neu auf ihre christlichen Werte besinnen will, wird ihr es sicher leicht fallen, den neuen christlich ethischen Schwung in eine angemessene Ethik für die Würde des Hartz-IV-Empfängers einmünden zu lassen.

Dazu gebe ich einige Empfehlungen zur jetzt dringend anstehenden Neuberechnung des Regelsatzes von jetzt 364 €:

1. Wie wird der Regelsatz berechnet? Bislang galt die Übereinkunft, die Ergebnisse und Zahlenangaben der jeweils jüngsten Einkommens- und Verbrauchsstatistik des Statistischen Bundesamtes (jetzt also EVS 2008) zum Vergleich zu Rate zu ziehen. Ermittelt werden die Konsumausgaben des untersten Quintils (20%) der Statistik unter ausschließlicher Berücksichtigung von Einzelhaushalten (darunter viele Studierende). Dann wird politisch entschieden, wie hoch der davon abgeleitete Regelsatz festgesetzt werden soll. Willkür und Manipulation sind damit Tür und Tor geöffnet. Die schwarzgelbe Regierung geht noch einen Schritt weiter und berücksichtigt lediglich die untersten 15% Einzelhaushalte der EVS. So kommt man von vorneherein dem gewünschten Ziel, einen möglichst niedrigen Regelsatz zu ermitteln, schon ganz nahe. Diese Rechnung wird vor dem BVG keinen Bestand haben. Hier wird nicht der Lebensmittelbedarf von Erwachsenen und Kindern auf unserem gesellschaftlichen Niveau ermittelt. Hier werden die arbeitslosen Armen zur untersten Gruppe der arbeitenden Armen in Relation gesetzt. Auf diese Weise kann mit dem Regelsatz lediglich der Grad der Armut neu festgelegt, auf gar keinen Fall aber ihre Überwindung vorgenommen werden. Der DPWV hat eine eigene Berechnung vorgenommen, indem er wie bislang üblich das untere Fünftel der Haushalte berücksichtigt und die Kosten für eine Restaurantmahlzeit, ein Eis, ein Bier und eine Zigarette hinzunimmt. Schon ergibt sich ein Regelsatz in Höhe von 415 Euro! Auch damit bleibt man noch im Bereich der Armutsberechnung.

2. Der bekannte Armutsforscher Richard Hauser hält die Orientierung am Statistikmodell der EVS für richtig, weil es nichts Besseres gibt: *„Bleibt man bei der EVS, müsste man einkommensspezifische Gruppen bilden: Nicht nur die Alleinlebenden, darun-*

ter viele Studenten, müssen zur Berechnung herangezogen werden, sondern alle Familientypen. Die Niedriglohngruppen und 400-Euro- oder Minijobs muss man hingegen aus der Berechnung herausnehmen, es sollten nur Vollzeittätigkeiten und Stundenlöhne über sieben oder 7,50 Euro in die Berechnung einfließen. Wenn man von dieser neu gebildeten Gruppe dann die Konsumausgaben der untersten 20 Prozent nimmt, kommt man zu einem passenderen Ergebnis – auch für die Bedürfnisse der Kinder."

Leider hat noch niemand eine Regelsatzberechnung nach dem Hauser-Modell durchgeführt, auch die Oppositionsparteien nicht.

Ich schlage eine Berechnung vor, die sich ebenfalls an der EVS orientiert, aber anders, gesamtgesellschaftlich ansetzt. Herangezogen werden die Konsumausgaben der Haushalte des ersten Quintils der EVS, also die 20% reichsten Haushalte. Dann vergleicht man nicht arbeitslose Arme mit arbeitenden Armen, sondern Arme mit Reichen. Dann sieht die Welt schon anders aus jenseits der Fünfeuromanipulation. Das ist die Realität: Das reichste Fünftel (20%) der Haushalte in Deutschland verfügt über 68% (!) aller Markteinkommen (Lohn, Gehalt, Einkommen aus unternehmerischer Tätigkeit und Vermögen) und über 75% (!) des Geldvermögens der privaten Haushalte. Diese ungeheuerliche Konzentration von Markteinkommen und Vermögen in den Händen weniger macht zugleich deutlich, wie einfach ein angemessenes Existenzminimum der Armen finanziert werden könnte nach der wahren und klaren sozialethischen Regel: Der Mangel wird aus dem Überfluss beseitigt. Der Überfluss hierzulande ist so groß, dass die notwendige Umverteilung mittels Vermögenssteuer oder -abgabe ohne Leiden, Verzicht und Opfer der Oberschicht durchgeführt werden kann.

Leider erfasst die EV-Statistik die reichen Haushalte gar nicht: Alle Haushalte mit einem Nettoeinkommen von 18.000 Euro und mehr pro Monat werden statistisch nicht erfasst, weil deren Angaben unbrauchbar sind. Es gibt in unserem reichen Land nach wie vor keine befriedigende statistische Erfassung des Reichtums. Wir können nur arbeitslose Arme mit arbeitenden Armen vergleichen, nicht aber Arme mit Reichen, um Anhaltspunkte zu einem aus gesamtgesellschaftlicher Sicht angemessenen Existenzminimum zu finden. Über Verteilungsgerechtigkeit kann nicht diskutiert werden, weil es dafür keine Datengrundlage gibt.

Armes Deutschland!

Eine krachende Niederlage

In diesen Tagen habe ich zum ersten Male in meinem langen Leben einen Leserbrief verfasst und zwar zu der Berichterstattung in der Wochenzeitung UNSERE KIRCHE (UK) über den Prozess vor dem Landesarbeitsgericht in Hamm wegen des Streikverbots in der Kirche. Er wurde veröffentlicht in UNSERE KIRCHE NR. 6 (13.02.2011) und zwar wie vorab angekündigt (Kürzungen vorbehalten) in zensierter Form. Daher biete ich hier die unzensierte Fassung. Die kursiv gedruckten Zeilen sind der Zensur zum Opfer gefallen:

„Eine krachende Niederlage."
Das Landesarbeitsgericht Hamm hat am 13. Januar den Antrag der Ev. Kirche von Westfalen, ihrer Diakonie und etlicher anderer Bundesgenossen auf ein gerichtliches Streikverbot in Kirche und Diakonie ohne wenn und aber zurückgewiesen. Das ist eine krachende Niederlage für die Antragsteller, von der sie sich so leicht nicht wieder erholen werden. *Selbstverständlich darf in Kirche und Diakonie gestreikt werden, denn das Streikrecht ergibt sich aus dem Grundrecht auf Koalitionsfreiheit Art. 9 Abs. 3 Grundgesetz.*
Der Leitartikel in UK berichtet über das sensationelle Ereignis mit milden, einfühlsamen Worten und tritt den Verlierern mit quasi seelsorgerlicher Achtsamkeit zur Seite: Es handele sich lediglich um einen Teilerfolg, einen Etappensieg, ein eingeschränktes Zugeständnis, der Ausgang sei weiter offen, so der Titel des Artikels. Von den Argumenten des Gerichts ist kaum die Rede. Ich war am 13. Januar beim Prozess im überfüllten Verhandlungssaal des Landgerichts Hamm anwesend und habe die Verhandlung verfolgt. Es war ein rabenschwarzer Tag für die kirchlich-diakonischen Arbeitgeber.

Das Gericht hat zwei Argumentationslinien verfolgt.

1. Das Gericht hat die Struktur des Arbeitsrechtsregelungsgesetzes (ARRG) analysiert, also den Dritten Weg betrachtet. Das Ergebnis ist eindeutig. Das ARRG ist dem Tarifvertragswesen nicht gleichwertig. Es konstruiert eine strukturelle Unterlegenheit und Schwächung der Arbeitnehmerseite, weil durch die Vorschriften zur Besetzung der Arbeitnehmerbank in der arbeitsrechtlichen Kommission ausgeschlossen wird, dass das volle professionelle tarifrechtliche Expertenwissen auf Arbeitnehmerseite zum Einsatz kommen kann, wie es bei Tarifverhandlungen der Fall ist. Der Dritte Weg ist damit arbeitsrechtlich erledigt, weil er, mit den Worten des Gerichts, „kein gleichwertiges System" ist und „eine Beschränkung der kollektiven Interessenvertretung" darstellt. Die Konsequenz des Gerichts lautet: Wer bei den Verhandlungen zum kollektiven Arbeitsrecht den Arbeitnehmerinnen und Arbeitnehmern die Parität verweigert, dem kann nicht erlaubt werden, für die Arbeitnehmerinnen und Arbeitnehmer auch noch die in Art. 9 Abs. 3 des Grundgesetzes verankerten Schutzrechte der Arbeitnehmer und Arbeitnehmerinnen zusätzlich außer Kraft zu setzen. Damit ist der Streik grundsätzlich zulässig. Diese Auffassung ist auch ein schwerer Schlag gegen die Kirchenleitungen und Synoden, die das Arbeitsrechtsregelungsgesetz als arbeitnehmerfeindliches, minderwertiges Recht zweiter Klasse mit viel Selbstbeweihräucherung eingeführt haben.

2. Das Gericht hat die Praxis in der kirchlich-diakonischen Arbeitswelt betrachtet und festgestellt, dass es in kirchlichen Einrichtungen Hunderttausende von Tätigkeiten gibt, die keine kirchenspezifischen Merkmale erkennen lassen. Die größte Mitarbeitendengruppe in Kirche und Diakonie z.B. bilden die Frauen im Haus-

und Wirtschaftsdienst. Diese Feststellung wird erhärtet durch die Beobachtung, dass die kirchlichen Arbeitgeber mit diesen Mitarbeitenden aus Kostengründen umspringen wie die weltlichen Arbeitgeber (Ausgründungen, Leiharbeit). Weil die kirchlichen Arbeitgeber sich so verhalten, ist die zusätzliche Eliminierung der Schutzrechte oder, wie das Gericht sagt, „ein Ausschluss des Streikrechts in kirchlichen Einrichtungen unverhältnismäßig".

"Gegenüber den Argumentationslinien des Gerichts ist den Vertretern von Kirche und Diakonie vor Gericht dann gar nichts mehr eingefallen, wenn auch die anwesenden Theologen meinten, mit einigen salbungsvollen Worten intervenieren zu können.
Ich habe das Urteil mit tiefer Befriedigung aufgenommen und in Ansätzen auch ein leichtes Triumphgefühl verspürt.
Seit über 30 Jahren habe ich mich als Sozialethiker für Tarifverträge in der Kirche eingesetzt und bin bei den Gegnern dieser Regelung immer auf überhebliche Selbstgerechtigkeit und ideologische Verzerrung der Wirklichkeit gestoßen, wenn es das „minderwertige System" zu rechtfertigen galt.

Ein kurzer Blick nach vorne: Das Landesarbeitsgericht hat sein Urteil ausschließlich mit arbeitsrechtlichen Überlegungen begründet. Es steht noch die verfassungsrechtliche Erörterung aus, warum es den Kirchen nicht erlaubt ist, unter Berufung auf das ihnen verfassungsmäßig gewährte Selbstbestimmungsrecht einschränkend in die in Art. 9 Abs. 3 GG garantierten Grundrechte einzugreifen. Für Kirche und Diakonie wird es dann noch schlimmer kommen.

Interessant ist die Zensur der Redaktion:

1. Von Empathie und seelsorgerlicher Achtsamkeit für die Arbeitgeberseite möchte die Redaktion öffentlich nichts hören.

2. Selbst eine leicht Ironie gegenüber kirchlich-diakonischen Führungskräften ist für das Hausorgan schon zu viel.

3. Erst recht kann es nicht angehen, dass jemand wie ich tiefe Befriedigung empfindet, wenn seine Auffassung sich mehr und mehr durchsetzt gegenüber den kirchlich-diakonischen Machthabern. Ich bin sehr zufrieden und freue mich auf das Urteil der nächsten Instanz oder die Umkehr der Kirche auf ihrem Irrweg."

Die Deutschen waren noch nie so reich und so arm!

Jedes Jahr wird im Verlaufe der ersten Jahreshälfte meine auf der Grundlage der Zahlen des vergangenen Kalenderjahres aktualisierte Lieblingsstatistik veröffentlicht unter dem Titel: Das Geldvermögen der privaten Haushalte. Ende 2010 hat es eine Höhe von knapp 5.000 Mrd. Euro erreicht und war im Jahresverlauf um 234 Mrd. Euro gewachsen. Die Deutschen waren noch nie so reich wie 2010, so steht es dann in der Zeitung. An dieser Statistik lassen sich dann immer wieder, besonders in der langen Reihe, großartige Erkenntnisse über den Reichtum in Deutschland gewinnen.

Von 1994 bis heute hat sich in nur 16 Jahren das Geldvermögen der privaten Haushalte verdoppelt. 1970 betrug das Geldvermögen 250 Mrd. Euro, also hat es sich bis heute verzwanzigfacht. Außer der öffentlichen Verschuldung wächst in Deutschland nichts schneller als das Geldvermögen der privaten Haushalte. Das Geldvermögen ist dabei nur ein Faktor der Reichtumsentwicklung neben dem Immobilienvermögen und dem Betriebsvermögen. Nimmt man nur das Geldvermögen, so verfügt jedes Individuum in Deutschland, Männer und Frauen, Kind und Kegel im Durchschnitt über ca. 60.000 Euro. Da braucht man sich um die Zukunft eines jeden Einzelnen und seiner Rente nun wirklich keine Sorgen zu machen, auch wenn ich und meine Familienangehörigen nicht jeweils 60.000 Euro Geldvermögen besitzen.

Nun gibt es jenseits des rechnerischen Durchschnitts auch immer wieder Veröffentlichungen über die reale Verteilung des Geldvermögens. Wohl aus dem DIW Berlin stammt ein atemberaubendes Verteilungsmuster, danach besitzen 10% der Haushalte 61% des Geldvermögens und 50% besitzen fast das gesamte Geldvermögen. D.h. die andere Hälfte der Haushalte ist faktisch besitzlos und/oder verschuldet. Wie man hört, nimmt die unvorstellbare Ungleichverteilung von Jahr zu Jahr noch immer bizarrere Formen an.

Vor mir liegt eine Statistik des DIW und der Hans-Böckler-Stiftung (allerdings aus dem Jahre 2007, aber das macht alles nur noch schlimmer) über die Verteilung der Markteinkommen in unserem Lande. Unter Markteinkommen soll, vereinfacht gesagt, das Einkommen aus abhängiger Beschäftigung und das Einkommen aus unternehmerischer Tätigkeit und Vermögen verstanden werden. Da weitet sich der Verteilungsskandal noch mehr aus. Auf das obere Quintil (20%) der Betroffenen entfallen 63% des gesamten Markteinkommens. Den Rest teilen sich fast gänzlich die nächsten 30% der Bezieher von Markteinkommen. Für die untere Hälfte (50%) verbleiben sage und schreibe lediglich 3% (!!!) des Markteinkommens. Das Resultat der Wirkung der neoliberalen Verteilungskräfte ist eine neue Klassengesellschaft von feudalem Zuschnitt. Die Gesellschaft ist gnadenlos gespalten in eine besitzende und eine besitzlose Hälfte.

Diese Ungeheuerlichkeiten der Verteilung machen noch einmal nachdrücklich deutlich, dass die Verminderung oder Beseitigung der Armut leicht möglich wäre durch kleine, schmerzlose, kaum wahrnehmbare Eingriffe in die Welt des materiellen Überflusses und unermesslichen Reichtums durch die niemand zu Schaden käme und viele zu einem besseren Leben. Die Losung und die Lösung heißen: Friede den Palästen und Friede den Hütten.
Leider ist die neuprotestantische, bürgerlich konservative, tugendethische Wendemaxime „Freiheit und/in Verantwortung", für die die Spitzen der Ev. Kirche seit dem Ende der sozialen Gerechtigkeit so tief-

schürfend und anhaltend im Interesse der Reichen und Schönen eintreten, bei der Zielgruppe, dem maßlos reichen ersten Quintil noch nicht angekommen, geschweige denn wahrgenommen oder angenommen. Ein hoffnungsloses Unterfangen.

Es gibt keinen anderen Weg als die Rückkehr zur sozialen Gerechtigkeit auf der Grundlage der sozialen Menschenrechte. John Rawls behauptet in seinem berühmten Buch über die Gerechtigkeit, dass jeder Mensch mit einem unauslöschlichen Sinn für soziale Gerechtigkeit ausgestattet sei, so wie es Erich Fromm von der Liebe in uns behauptet. Also, ohne Gerechtigkeit und Liebe gibt es kein Leben auf der Erde, und Ungerechtigkeit und Hass werden niemals für immer das Feld beherrschen können, so wie es derzeit den Anschein hat.

Kürzlich stand für einen Moment die statistische Situation des ärmsten Quintils der Bevölkerung im Focus der Politik. Die Einkommen dieser Gruppe werden nämlich zum Vergleich herangezogen, wenn es darum geht, den Regelsatz der knapp 7 Mio. Hartz IV-Empfängerinnen nach den neuen Vorgaben des Bundesverfassungsgerichtes festzulegen. Die von allen guten Geistern verlassene Bundesregierung schlägt bei der Berechnung hart zu. Um zu dem gewünscht niedrigen Ergebnis zu gelangen, nimmt sie lediglich die untersten 15% zum Vergleich und beschränkt sich auf Alleinlebende im Niedriglohnbereich. So werden aus 358 Euro 364 Euro.

Der bekannte Armutsforscher Richard Hauser fordert wenigstens ein wenig Fairness bei dieser Art von Armutspolitik: Das untere Quintil zum Vergleich, alle Haushaltstypen, nur Vollzeittätigkeiten oberhalb des Niedriglohnbereich. Nach diesen Kriterien, mit denen niemand gerechnet hat, würde sich ein Regelsatz von über 500 Euro ergeben, dann wäre schon einmal ein Anfang gemacht.

Ein wacher Sinn für soziale Gerechtigkeit wird das erste Quintil zum Vergleich heranziehen und bei den dort offenbar werdenden gigantischen Dimensionen ohne Widerspruch darauf verweisen können, dass schon eine ganz kleine Vermögensteuer in diesem Sektor, die von den Betroffenen unbemerkt bleibt, genügt, um die Armut zu beseitigen, indem *„jedem Menschen in Deutschland ein menschwürdiges Leben ermöglicht (wird) durch eine individualisierte bedarfsorientierte Grundsicherung, die das soziokulturelle Existenzminimum sichert."* (Sozialwort der Kirchen von 1997)

Gerne würden wir dazu Neues hören von den Spitzenanwälten der ethischen FIVUNDFUV-Maxime.

Bruder – Genosse – Kollege

Am 03. September 2011 wird Günter Brakelmann 80 Jahre alt. Bis zu seiner Emeritierung im Jahre 1996 war er Professor für christliche Gesellschaftslehre an der Ruhruniversität Bochum. Die westfälische Sozialpfarrerin Heike Hilgendiek hat aus diesem Anlass in einem informativen Beitrag in der evangelischen Kirchenzeitung „Unsere Kirche" vom 28. August 2011 die Lebensstationen und das Lebenswerk des Jubilars dargestellt und gewürdigt. Brakelmann ist die herausragende Persönlichkeit des sozialen Protestantismus der zweiten Hälfte des vorigen Jahrhunderts und der Gegenwart. Er ist vielfältig vernetzt mit zahllosen Menschen auf unterschiedlichen Ebenen in vielen Bereichen von Kirche und Gesellschaft. Am Rande dieses großen Netzwerks fühle ich mich verortet und berührt, weil Brakelmann in meinem beruflichen Leben wiederholt eine wichtige Rolle gespielt und meinen Werdegang beeinflusst hat.

Mit scheinbar unerschöpflicher Kraft hat der Sozialethiker und Zeithistoriker ein beinahe schon nicht mehr überschaubares literarisches Oeuvre vorgelegt, das er bis heute Tag für Tag weiterführt. Seine Bibliographie lässt sich in der Festschrift zu seinem 65. Geburtstag von 1996, in den „Biographischen Interviews" zu seinem 75. Geburtstag von 2006 und in der Festschrift zum 80. Geburtstag nachlesen. Im Laufe der Jahre hat er mir ab und zu eine seiner Neuerscheinungen geschenkt und gelegentlich mit einer bezeichnenden Widmung versehen: ... dem Bruder, Genossen und Kollegen.

Diese Triade war und ist Programm und Praxis. Sie enthält in personalisierter Form Grundlegung und Verortung der sozialethischen Existenz in der Theorie und im Handeln. Der Lehrer der Theologie ist Kirchenmann, Synodaler, Mitarbeiter in den bedeutenden Kammern der EKD, Vertreter der Kirche in öffentlichen Institutionen. Der Sozialethiker ist Angehöriger der SPD, der Partei des Demokratischen Sozialismus und der Gesellschaft der Freien und Gleichen, dort Mitglied der Grundwertekommission. Der Zeithistoriker ist Gewerkschaftsmitglied, Kenner der Geschichte der Arbeiterbewegung und Vertreter ihrer Werte, vertraut wie keiner mit der Haltung der Kirche zur sozialen Frage, später Vertreter der Arbeitnehmerseite in Aufsichtsräten.

Kirche – SPD – Gewerkschaft: Bruder, Genosse und Kollege.

Mit dieser Triade war Brakelmann das Urbild, wenn nicht das Vor bild für meine Generation von Sozialpfarrern und Sozialsekretären in Deutschland. Die Sozialpfarrer und Sozialsekretäre in der EKD haben mehrheitlich im kirchlichen Dienst in der Arbeitswelt diesen Weg beschritten. Auf der Grundlage des biblischen Zeugnisses, in den besten Traditionen der deutschen Sozialgeschichte traten sie mit dem linken Flügel der Sozialdemokratie und der Gewerkschaften für soziale Reformen in der Arbeitswelt ein. Ich nenne diese Erscheinung die BRUGEKO-Bewegung und habe Brakelmann immer als den Vater aller BRUGEKOs betrachtet, denen er viel zu sagen hatte, häufig in einer sehr speziellen Weise.

Brakelmann hielt lange Vorträge, schrieb umfangreiche Bücher, konnte aber auch immer wieder als Meister des alltäglichen Aphorismus in Erscheinung treten (z.B. Wer schreibt, der bleibt!). Seine volumenreiche, sonore, mit sanfter Kraft modulierende Stimme ist mir immer gegenwärtig.

Neben vielen anderen seiner Aphorismen ist mir auch der folgende Ausspruch in Erinnerung geblieben: „Man kann die Welt entweder von oben oder von unten betrachten, nur die Kirchen meinen, sie

könnten die Welt von oben und unten zugleich betrachten." Nun kann
es keinen Zweifel daran geben, dass die Welt nach dem Vorbild unseres Herrn Jesus und mit der vom Glauben erleuchteten Vernunft von
unten zu betrachten ist. Damit werden wir im Lichte des Evangeliums
auf den BRUGEKO-Weg geführt, denn die Welt von unten betrachten
meint nicht einfach „Option für die Armen". Einfache Parteinahme
gibt es nicht, es gibt nur komplexe Parteinahme. In der Sprache
Brakelmanns heißt das „argumentative Parteinahme". Ich beschreibe
und erläutere die sozialethische Positionierung so, dass auch „die da
oben" die Notwendigkeit sozialer Reformen zur Reduktion sozialer
Ungleichheit einsehen können, auch wenn sie es nicht wollen. Selbst
diejenigen, die die Welt von oben und von unten betrachten wollen,
können die Argumentation verstehen.

Auf dem reformistischen Weg durch den Kapitalismus lautet nach
Brakelmann die Frage nicht, „wie die Welt ist und wie sie sein soll".
Beschritten wird vielmehr der Weg einer „komparativen Ethik", die
den Dreischritt von Sehen, Urteilen, Handeln impliziert. Der Analyse
gesellschaftlicher Ungleichheit folgt deren Beurteilung im Lichte der
theologisch reflektierten Menschenrechte Freiheit, Gleichheit, Solidarität. Der Übergang in die Praxis sucht nicht das Absolute, sondern
fragt nach den kleinen Schritten zu weniger Unfreiheit, weniger Ungleichheit, weniger Gewalttätigkeit. Das heißt aber nicht, dass der
BRUGEKO-Reformismus nicht inspiriert ist von der Hoffnung auf
die Vollendung des kommenden Gottesreiches, in dessen Richtung
und Linie er sich in gebührendem Abstand bewegt. So habe ich
Brakelmanns sozialethischen Realismus für mich adaptiert und in eine
sozialethische Position transformiert, die sich in den vielen Jahrzehnten meines Berufslebens als Sozialpfarrer bewährt hat.

Wo immer ich hinkam auf diesem Weg, war Brakelmann schon da. Als ich 1970 als Sozialpfarrer nach Villigst kam, war er dort 10 Jahre vorher Mitarbeiter gewesen und hatte seinen Klassiker zur sozialen Frage des 19. Jahrhunderts geschrieben. Als ich 1983 das Glück hatte, Teilhaber des sozialethischen Gesamtkunstwerkes „Hoppmann Modell" in Siegen zu werden, erfuhr ich alsbald, dass Brakelmann in seiner Zeit dort als Studentenpfarrer Anfang der 60er Jahre den evangelischen Unternehmer und späterhin bedeutenden Sozialreformer Klaus Hoppmann im Rahmen der Sozialseminare mit den Grundlagen des sozialethischen Denkens und den Sozialutopien des 19. Jahrhunderts vertraut gemacht hatte. Als ich 1995 das Sozialamt tief gekränkt verlassen wollte, weil ich wegen meines BRUGEKO-Weges unter Missachtung meiner Lebensarbeit nicht Leiter des Sozialamts werden durfte, haben Brakelmann und der Personalchef der Landeskirche im Gespräch mit mir einen Weg gefunden, der mich ins SWI (Sozialwissenschaftliches Institut der Evangelischen Kirche in Deutschland) nach Bochum führte, dessen ehrenamtlicher Direktor Brakelmann damals noch war. Es folgten 8 glückliche Berufsjahre bis zu meiner Pensionierung.

Allerhand Glückwünsche für Günter Brakelmann zum 80. Geburtstag, auch von der AMOS-Welt 3-2011.

Die neoliberale Konterrevolution frisst ihre Kinder

Globalisierung heißt der bis heute ungehinderte Siegeszug der neoliberalen Konterrevolution über den gesamten Erdball. Die Folge sind Milliarden von Verlierern und Millionen von Gewinnern. Niemand und nichts bleibt unbehelligt außer dem Neoliberalismus selbst. Er ist unbeendbar und wird mit jeder Niederlage stärker und nicht etwa schwächer. Vor drei Jahren habe ich in der Weihnachtsausgabe von AMOS die Geschichte von Naomi und Josef in drei Kapiteln erzählt, eine verheißungslose Unheilsgeschichte vom Schicksal des Neoliberalismus, der im Augenblick seines grandiosen Scheiterns in der Bankenkrise seinen größten Sieg errungen hat. (s. auch im unten angegebenen Buch, S. 198 – 201) Der unendlichen Unheilsgeschichte ist jetzt ein neues 4. Kapitel hinzuzufügen.

Das 1. Kapitel trug und trägt die Überschrift „Kapitalismus ohne Arbeit". Die lebensnotwenige Arbeit der Menschen wird wie selten zuvor „mit Füßen getreten, geschändet, miss achtet." Es ist ein Millionenheer von arbeitenden Armen entstanden, das ständig anwächst. Deutschland hat den stärksten Anstieg des Niedriglohnsektors in ganz Europa mit nach unten offenen Grenzen, weil wir das einzige Land ohne Mindestlohn sind. Neuere Zahlen aus dem letzten Jahrzehnt sagen, dass die Normalarbeitsverhältnisse um 3% und die Reallöhne um 4,5% gesunken sind. Die Zahl der Geringverdiener stieg um 46%, die der befristet Beschäftigten um 44%, die der Teilzeitarbeitenden um 38%, die der geringfügig Beschäftigten um 72%. Da kommen selbst den Konservativen Zweifel.

Das 2. Kapitel trug und trägt die Überschrift „Kapitalismus ohne Steuern". Es behandelt ein weiteres Lieblingsprojekt der neoliberalen Konterevolution, weil nach der Pferd-Spatz-Theorie das Kapital entlastet und entfesselt werden muss, damit es sich in jeder Hinsicht und Richtung unbändig vermehren kann, damit es allen gut geht, auch wenn es der Mehrheit dabei schlechter geht. Wer auf eine Vermögenssteuer verzichtet, den Spitzensteuersatz der Einkommenssteuer von 56 Prozent (1989) auf 42% (2006) absenkt, die Einkommenssteuer der Unternehmen (Körperschaftssteuer) von 40% auf nunmehr 15% vermindert, darf sich nicht wundern, dass die Staatseinnahmen zu gering sind, um die Schuldenfinanzierung der Ausgaben der Öffentlichen Hand abzubauen. Die Schuldenuhr in Deutschland zeigt im Augenblick auf mehr als 2.000 Milliarden Euro. Nur das Kapital kann sich da wohlfühlen. Alle seine Wünsche wurden vom Staat bedingungslos erfüllt. Und es kommt noch immer besser.

Das 3. Kapitel trug und trägt die Überschrift „Kapitalismus ohne Risiko". Der Staat wurde gebraucht als Deregulierer der Finanzmärkte, als radikaler Förderer der „innovativen Finanzprodukte", die nachher als „toxisch" bezeichnet werden sollten, und als nachdrücklicher Unterstützer des „Ausbaus des Verbriefungsmarktes" (der Ursprung der Bankenkrise) zur Aufwertung des Finanzplatzes Deutschland. Nach diesen Befreiungsschlägen war den Finanzmärkten keine Spekulation zu riskant. Sie verspritzten ihr Gift so lange, bis es auf beiden Seiten des Marktes deutliche Vergiftungserscheinungen gab. Einige Akteure, auch große, verstarben vor den Augen der Weltöffentlichkeit, andere wurden mit voluminösen Spritzen gerettet oder an den Tropf gehängt, um das System am Leben zu erhalten, wenngleich es 2008 verstorben war, wie Josef Stieglitz damals feststellte.
Einen Augenblick lang flirrte die Luft vor Vorschlägen zur Reregulierung der Finanzmärkte von der Transaktionssteuer bis zur Verstaatli-

chung des Bankensystems. Geschehen ist bis heute gar nichts, weil „die Brandstifter am Steuer des Löschfahrzeuges (sitzen)“, wie Friedhelm Hengsbach frühzeitig nachweisen konnte. Der Kapitalismus ohne Risiko war auf einer neuen Stufe angekommen, aber die Kinder der neoliberalen Konterrevolution sind angefressen.

Es gibt nunmehr ein 4. Kapitel mit der Überschrift „Kapitalismus ohne Staat“. Seit Beginn der Banken- und Finanzkrise konzentriert sich die Aufmerksamkeit der Eliten und ihrer Medien auf einen neuen Topterminus: die Märkte! Seit F. A. von Hayek wissen wir, dass der Markt keine Naturerscheinung, kein Menschenwerk und keine Gottesgabe ist, sondern ein transmetaphysisches höchstes Wesen, eine Art Superhypostase, vor der sich die Knie aller beugen müssen im Himmel und auf Erden. Die Verwandlung des Singulars in den Plural verkündet Machtzuwachs der Supergöttin in der Krise. Die galaktische Institution hat alle erdenklichen Eigenschaften und Verhaltensweisen einer jener Personen, die seither den Gang der Politik bestimmen. Mit pathologischer Aufmerksamkeit verfolgen die politischen Eliten und ihre Medien selbst die geringsten Regungen der Märkte, um entsprechende Maßnahmen zu ergreifen. Die Superhypostase hat sich die Staaten der Erde nicht nur untertan gemacht. Sie ist jetzt sogar darangegangen, die jeweils schwächsten Staaten wie ein Raubtier zu verschlingen. Die Steuersenkungen schwächen die Staaten, treiben daher die Verschuldung in schwindelnde Höhen bis zur drohenden Zahlungsunfähigkeit. Die Superhypostase wettet rücksichtslos auf das Ende und macht mit dem drohenden Tod Gewinne. Der neoliberale Staat wird das Opfer der Mächte, die er rief.

Ein 5. Kapitel kann es nicht mehr geben.
Es hat keinen Sinn, die sterbenden Staaten gemäß den Daumenbewegungen der Superhypostase retten zu wollen. Entweder es gelingt der

Staatengemeinschaft, die Superhypostase in Fesseln zu legen oder die neoliberale Konterrevolution frisst viele ihrer Kinder. Europa aber wird regiert von Nikolaus (Nicolas Sarkozy), dem „Sieger für das Volk" (wie Nicolas auf Deutsch übersetzt heißt) und von einem „Engel" (Angela Merkel). Na dann:
Fröhliche Weihnachten!

ASO und SO

Vor kurzem habe ich unseren Dachboden entrümpelt. Dabei stieß ich u.a. auf einen uralten Karton mit Unterlagen und Material aus meiner Vikariatszeit 1966 bis 1968. Unter den Papieren fanden sich auch die ersten Ausgaben des AMOS aus dem Jahr 1968. Das Layout war zeitgemäß sehr schlecht, der Inhalt zeitgemäß sehr gut. Mir war allerdings nicht mehr so recht in Erinnerung, dass es zum damaligen grundlegenden Selbstverständnis der AMOS-Anfänge gehörte, sich ausdrücklich als außersynodale Opposition (ASO) in Analogie zur damaligen außerparlamentarischen Opposition (APO) zu bezeichnen. Die ASO ist ja sachlich und sogar buchstäblich mit dem Namen unseres Titelhelden gesetzt.

Von der ASO ist später nicht mehr viel übrig geblieben. Heute ist eine ASO undenkbar oder eher unmöglich, weil das heute aktive Kirchenpersonal gefiltert und weichgespült worden ist bis zur leblosen Uniformität, die jede kritische Auseinandersetzung nach innen oder außen verhindert. Heute gibt es nicht einmal in Resten eine SO (Synodale Opposition), die naturgemäß zu jedem parlamentarischen Gremium gehört. Dennoch ist mir nach meiner privaten Wiederentdeckung der ASO bewusst geworden, dass der kleine Arbeitskreis westfälischer Sozialpfarrer, dem ich angehöre, und die Kolumnen, die ich seit 13 Jahren schreibe, die ASO Linie aufgegriffen und bescheiden aber beharrlich bis heute fortgesetzt haben. Der EKvW fehlt eine unabhängige, öffentliche, investigative, reformorientierte Begleitung durch kritische Christinnen und Christen.

Denn immer und überall vollziehen sich in der Kirche Ereignisse und Entwicklungen, die bei Licht betrachtet, hinterfragt, kritisiert und verhindert werden müssten.

Nehmen wir z.B. den sogenannten Reformprozess „Kirche mit Zukunft", der im Jahr 2000 mit der gleichnamigen Schrift ins Leben
gerufen wurde und jetzt ergebnislos versandet ist. Wir haben diesen
Weg kritisch-konstruktiv mit Widerspruch und guten Reformvor-
schlägen begleitet. Hierzu gehören z.B. mein Text *„Der blaurote
Methusalem - Volkskirche im Kapitalismus - atemlos, geistlos, bezie-
hungslos"* von 2001, unser *„Kirchhellener Appell"* aus dem Jahre
2006 oder unser Buch *„Menschen statt Märkte – Für eine Neuorien-
tierung der Kirche im Dritten System"* ebenfalls aus 2006.

Nachdrücklich ist auch an den „Alternativen Kirchengipfel" 2005 in
Gelsenkirchen zu erinnern oder auch an die „Gerechtigkeits-Hea-
rings" bei den Landessynoden in der zweiten Hälfte der 1990er Jahre.
Heftig attackiert haben wir die „Agenda 2030", die zur Grundlage des
sogenannten Reformprozesses ausgerufen wurde. Sie dogmatisiert die
atemberaubende Langzeitprognose, dass im Zeitraum von 2000 bis
2030 die Mitgliederzahlen der Kirche auf ein Drittel zurückgehen
werden, und die Einnahmen der Kirchen sich im selben Zeitraum
halbieren werden. Aus dieser gnadenlosen Dogmatik resultierte ein
kirchliches Sparprogramm griechischen Ausmaßes und der Ausver-
kauf des kirchlichen Immobilienschatzes.

Heute nach 11 Jahren ist die Prognose der Entwicklung der Kirchensteuereinnahmen bereits widerlegt. Zunächst verlief alles nach Plan.
Zwischen 2000 und 2005 gingen die Einnahmen deutlich zurück von
463 auf 382 Mio. Euro, wenngleich der Schwund immer noch geringer war, als in den Haushaltsplanungen der Kirche jährlich angenommen wurde. In der zweiten Hälfte des Jahrzehnts kehrte sich die
Entwicklung entgegen dem Prognosedogma wieder um. 2008 war
praktisch der Stand von 2000 wieder erreicht. Die Einnahmeentwick-
lung verläuft nach der ökonomischen Krisenentwicklung und der ihr

folgenden Entwicklung der staatlichen Steuereinnahmen und nicht primär nach kirchenspezifischen Tendenzen. Nach der sogenannten Finanz- und Wirtschaftskrise 2009/10 stiegen die Kirchensteuereinnahmen 2011 wieder um 18,3 Mio. Euro auf 442 Mio. Euro an. 39 Mio. Euro mehr als vom kirchlichen Haushaltsexperten angenommen worden war. Auf der letzten Landessynode wurde dann die widerlegte „Agenda 2030" von der Finanzleitung kurzerhand durch die „Agenda 2040" ersetzt. Das Katatrophenszenario wird also nicht als sinnlos aufgehoben, sondern nach Bedarf auf der Zeitachse nach hinten verschoben. Die Zuchtrute kann so immer drohend erhoben bleiben. In der Landessynode hat man dies nicht als Manipulation empfunden, keine kritische Nachfragen gestellt oder kontroverse Diskussionen ausgelöst. Schweigend, so hört man, habe die Synode die Variation der „Agenda 2030" hingenommen.

Oder: Kürzlich erschien in der Westfälischen Rundschau ein finales Interview mit dem scheidenden Präses. Gefragt nach den wichtigsten Vorgängen seiner Amtszeit, vernachlässigte er den sogenannten Reformprozess „Kirche mit Zukunft" fast gänzlich, betonte hingegen den ausufernden Immobilienausverkauf seiner Landeskirche, weil dieser den üppigen Ausbau von Haus Villigst zum „Kleinod" für eine weitere Generation möglich gemacht habe. Insbesondere der Verkauf von Haus Ortlohn sei hier von ausschlaggebender Bedeutung gewesen. Auch hier gibt es keine Nachfragen, obwohl das Immobiliengeschäft „Haus Ortlohn" in der kirchlichen Öffentlichkeit hätte kritisch diskutiert werden müssen, um es zu verhindern. Stichworte dazu: 2008 wird Haus Ortlohn für 3 Mio. Euro an die australische christliche Jugendorganisation „Fusion International" verkauft und von der Käuferin bezogen. Die Käuferin zahlt 1 Mio. Euro und kann dann die restlichen 2 Mio. Euro nicht mehr zahlen. Der Kauf wird rückabgewickelt, der gezahlte Teil des Kaufpreises als Miete verrechnet und die

Käuferin räumt 2010 die Immobilie. Seither steht das Objekt leer und erneut zum Verkauf. Ein riesiges finanzielles Desaster. Vom Kaufpreis sollte Haus Villigst renoviert werden. Vom Kaufpreis konnten aber nur 1 Mio. Euro realisiert werden, das Modernisierungsprojekt in Haus Villigst kostete dagegen 7,5 Mio. Euro. Das finanzielle Desaster weitet sich zur Katastrophe aus. Aus dem bürokratischen Herrschaftsverband dringt wohlweislich nichts nach außen. Wer beziffert den Schaden? Wer trägt die Verantwortung? Wer wird zur Rechenschaft gezogen? Wer gibt öffentlich Auskunft? Wer stellt diese Fragen?

Freiheit, die ich meine

Die „neoliberale Konterrevolution" hat in ihrem langjährigen Verlauf zu einer immer krasseren Ausbildung einer Form von Klassengesellschaft geführt, die deshalb postmodern genannt werden kann, weil die extremen sozialen Ungleichheiten nicht zur Solidarisierung der Benachteiligten und ihrer Freunde geführt haben, sondern zur Entstehung einer „Piratenpartei", anything goes. Zur Annäherung an eine Beschreibung der aktuellen Klassengesellschaft dient mir nach wie vor (zuletzt AMOS 2-2011) die Statistik über die Verteilung des Geldvermögens als ein Indikator extremer sozialer Ungleichheit. Die Berechnungen des DIW kennzeichnen die Klassenlage am Beispiel des Geldvermögens und ermöglichen allerhand lustige Klassenarbeiten im Rechnen. Das Geldvermögen der

Verteilung des individuellen* Nettovermögens		
Verteilungskennwerte	**2002**	**2007**
Ärmste 10%	-1,2	-1,6
10-20%	0,0	0,0
20-30%	0,0	0,0
30-40%	0,4	0,4
40-50%	1,3	1,2
50-60%	2,8	2,8
60-70%	7,0	6,0
70-80%	11,8	11,1
80-90%	19,0	19,0
Reichste 10%	57,9	61,1

Personen in privaten Haushalten im Alter ab 17 Jahren. Anteil am Gesamtvermögen in Prozent.
Quellen: SOEP; Berechnungen des DIW Berlin. DIW Berlin 2009

privaten Haushalte belief sich Ende 2007 auf 4.600 Mrd. Euro und beträgt heute trotz der „Finanzmarktkrise" 5.000 Mrd. Euro gegenüber 250 Mrd. im Jahre 1970. Dieser gigantische Reichtum folgt eigenen Verteilungsregeln, die noch nie jemand ernsthaft aufgedeckt und hinterfragt hat. Die reichere Hälfte der Bevölkerung besitzt restlos das gesamte Geldvermögen, die ärmere Hälfte der Bevölkerung ist absolut besitzlos.

Die Binnenverteilung in der Klasse der Besitzenden ist wiederum sehr ungleich. 2007 besitzt das reichste Prozent der Bevölkerung 23% des Geldvermögens, heute mag es mehr als ein Viertel sein. 2007 besitzen die reichsten 5% der Bevölkerung 46% des Geldvermögens, heute mag es bereits die Hälfte sein. 2007 besitzen die reichsten 10% der Bevölkerung 61% des Geldvermögens, heute mögen es bereits Zweidrittel sein. 2007 besitzen die reichsten 30% der Bevölkerung 91% des Geldvermögens. Wenn die Entwicklung so weitergeht, wird es bald das gesamte Geldvermögen sein. Trotz dreier Reichtumsberichte, die Einblick in die Fakten und Facetten des Reichtums und seiner Verteilung gewähren sollten, wissen wir immer noch nichts genaues, weil die erschienenen Reichtumsberichte (2002, 2005, 2008) Armutsberichte waren. Die regierungsamtliche Reichtumsberichterstattung ist darum jetzt wohl eingestellt worden. Die Deutschen lieben auch und erst recht die dramatischsten Formen der Ungleichheit nicht oder bemerken sie nicht.

Blicken wir nach unten. In der Klasse der Besitzlosen wohnt und wächst die Armut. 30% der Bevölkerung sind nicht nur statistisch, sondern realistisch betrachtet völlig vermögenslos und damit armutsgefährdet oder richtig arm, weil völlige Vermögenslosigkeit ein unübersehbarer Hinweis auf nicht ausreichende Einkommen ist. Die ärmsten 10% haben nur Schulden. Wir sehen heute bettelarme Menschen wie eh und je, Wir sehen arbeitslose Arme, die als Harz-IV EmpfängerInnen von 378 Euro Regelsatz pro Monat leben sollen und nicht leben können, weil es nicht möglich ist. Wir sehen immer mehr arbeitende Arme (working poor), weil Teile der Arbeitswelt zu einem deregulierten Kampfplatz um Hungerlöhne in immer neuen Spielarten geworden sind. Neben der Stammbelegschaft sehen wir erst Leiharbeiterinnen dann Werkvertragsarbeiterinnen und schließlich Leiharbeiterinnen als Werkvertragsarbeiterinnen. Die Ausgestaltung kann auch männlich sein. Die Armut hat immer neue Gesichter und immer die gleichen Folgen.

Nun war es gerade unser neuer Bundespräsident, der ohne es zu wissen und zu wollen der Auseinandersetzung mit der Armut als Apostel und selbsternannter „Liebhaber der Freiheit" eine neue Tiefe gegeben hat. Sprechen wir also über die Unfreiheit.

Mir ist allezeit die bewegende Armutsdefinition von Michel Mollat aus dem Jahre 1984 gegenwärtig: *„Arm ist derjenige oder diejenige, der oder die sich ständig oder vorübergehend in einer Situation der Schwäche, der Abhängigkeit oder der Erniedrigung befindet, in einer nach Zeit und Gesellschaftsformen unterschiedlich geprägten Mangelsituation, einer Situation der Ohnmacht und der gesellschaftlichen Verachtung: Dem Armen oder der Armen fehlen: Geld-Beziehungen-Einfluss-Macht-Wissen-technische Qualifikation-ehrenhafte Geburt-physische Kraft-intellektuelle Fähigkeit-persönliche Freiheit-ja Menschenwürde. "*

Danach leben in Deutschland viele Millionen arme Menschen, Kinder, Frauen und Männer in Unfreiheit als unterdrückte Opfer struktureller Gewalt, die ebenso Schmerzen zufügen kann wie physische Gewalt. Es gibt eine materielle Grundlage der Freiheit. Aus dem Jahre 1985 stammt die Feststellung des BVGs, dass selbstgenutztes Wohneigentum die ökonomische Grundlage der Entfaltung der Persönlichkeit, also der individuellen Freiheit sei. Soweit können nur Richter gehen, die in Karlsruher Villen leben, aber der Gedankengang ist klar. Die Folgen der Unterdrückung ohne Fuß im Nacken, der Fesselung ohne

Handschellen, des Einsperrens ohne Gefängniszelle, kurz der Verletzung der Menschenwürde durch das ungelebte Leben sind politisch uninteressant. Niemand schert sich um die Wahrheit: Freiheit ist die gleiche Freiheit aller und einer jeden Einzelnen oder es gibt sie nicht. Nun haben wir einen Prediger und „Liebhaber der Freiheit" als Staatsoberhaupt, der in diesen Zusammenhängen offensichtlich nicht denken und fühlen kann. Er ist geblendet durch den Glanz der bürgerlichen Freiheitsrechte und vermag offenbar das Fehlen der sozialen Freiheitsrechte nicht zu erkennen wie übrigens alle Angehörigen der konservativen Herrschaftsklasse, die sich der beruhigenden, aber folgenlosen FIVUNDFUV-Ideologie (Freiheit und/in Verantwortung) verschrieben haben.

Ich möchte den Bundespräsidenten gerne von dieser Ideologie befreien und für die Befreiung der Armen gewinnen. Vorerst stelle ich ihm Ludwig Erhard an die Seite: *„Es ist nicht unsere Aufgabe, die Armut gleich zu verteilen, es ist unsere Aufgabe, sie zu beseitigen."* Und Nelson Mandela: *„Armut zu überwinden ist keine Geste der Barmherzigkeit. Es ist ein Akt der Gerechtigkeit."* Und Bischof Don Helder Camara: *„Wenn ich etwas für die Armen tue, bin ich ein Heiliger. Wenn ich aber frage, warum sie arm sind, bin ich ein Kommunist."* Drei Paten für den Präsidenten! Vielleicht werde ich unserem Staatsoberhaupt, meinem Altersgenossen (1940) und Amtsbruder demnächst ein Sendschreiben in Gestalt eines Offenen Briefes übermitteln, um ihm über den tiefen theologisch-weltanschaulichen Graben hinweg auf der Grundlage der sozialen Gerechtigkeit den ganzheitlichen Freiheitsbegriff nahezubringen, damit aus dem „Liebhaber der Freiheit" auch der Liebhaber der Armen werden kann, die die Freiheit nicht kennen.

Tomaten und anderes

Im August war ich mit meiner Frau zum ersten Male in Dresden. Am Sonntag besuchten wir mit mehreren hundert anderen Touristen um 11.00 Uhr den Gottesdienst in der Frauenkirche. Neben uns saß ein weiteres Touristenehepaar aus Westdeutschland, hörbar Chorsängerinnen mit ausgebildeter Stimme, sodass wir auch hier nicht gefordert waren. Alles andere machte der diensthabende Pfarrer. Er predigte über Jesaja 62. Darin spricht der Herr in Vers 8: *Ich will dein Getreide nicht mehr deinen Feinden zu essen geben noch deinen Wein, mit dem du so viel Arbeit hattest, die Fremden trinken lassen, (9) sondern, die es einsammeln, sollen's auch essen und den Herrn rühmen, und die ihn einbringen, sollen ihn trinken in den Vorhöfen meines Heiligtums.*

Zur Illustration dieses Textes erzählte der Prediger ein Beispiel aus seinem Alltagsleben. Aber zuvor gab er noch eine apodiktische Grundsatzerklärung zu den Auslegungsgrenzen dieser Verse ab. Es gehe hier nicht, so sagte er, um Fragen der Wirtschaftsordnung und der gerechten Verteilung. Es verstehe sich doch von selbst, dass jeder im Arbeitsleben bekomme, was ihm zustehe. Darüber brauche man selbstverständlich nicht zu reden und also auch nicht angesichts eines solchen Textes zu predigen.

Dann erzählte der Prediger sein Beispiel zur Auslegung des Textes und führte aus: Er bewohne mit seiner Familie eine Stadtwohnung ohne Getreideacker und Weinberg, aber mit Balkon. Darauf pflege man Blumen, ziehe Kräuter und züchte mit Erfolg Tomaten. Nun sei die Familie gerade im Urlaub gewesen, und freundliche Nachbarn hätten den Balkonanbau versorgt. Als man wieder heimgekehrt sei, habe man festgestellt, dass die freundlichen Nachbarn die Tomaten nicht abgeerntet und aufgegessen hätten, sondern für seine Familie hätten hängen lassen, ganz wie es der Prophetentext vorsehe: denn die sie anbauen, sollen sie auch essen und den Herrn loben.

Die Touristengemeinde war es zufrieden, den Text so ausgelegt zu bekommen, auch die reicher gekleideten Leistungsträgergattinnen. Ich habe die Aneignung der Tomatenernte durch die Tomatengärtner als ein etwas ferner liegendes Beispiel der Textillustration empfunden. Meine Gedanken gingen beim ersten Hören des Textes leider sofort in eine ganz andere Richtung.

Es handelt sich um eine plastische Verwendung der anthropologischen Schleife des Wesens der menschlichen Arbeit, deren Gelingen oder Misslingen nur und ausschließlich eine Frage der Wirtschaftsordnung ist. Gute Arbeit ist immer zugleich Selbstentäußerung und Selbstverwirklichung. Im Prozess des Arbeitens verliere ich mich selbst, indem ich mich der Herstellung des Produkts hingebe. Mit der Vollendung meines Tuns kehre ich zu mir zurück und bin wieder bei mir selbst. Die Fortdauer dieser anthropologischen Schleife charakterisiert den menschlichen Arbeitsprozess. Darin erfahre ich zugleich Arbeitsleid und Arbeitsfreude, Erniedrigung und Produzentenstolz, Entfremdung und Erfüllung. „Die den Wein anbauen, womit sie viel Mühe haben, sollen ihn trinken."

Die Tatsache, dass von dieser unaufhörlichen Bewegung mein Leben abhängt, bedeutet, dass es Arbeit ohne Mühsal nicht geben kann. Weil Arbeit immer auch Ausdruck der kreatürlichen Notwendigkeit ist und nicht der reinen Freiheit, sosehr sie in der Arbeit auch vorkommen mag, gibt es keine Arbeit ohne Entfremdung. „Mit Mühsal sollst du dich nähren dein Leben lang... . Im Schweiße deines Angesichts sollst du dein Brot essen." Das ist die kreatürliche Arbeitsrealität.

Wer Arbeit nur als Freiheit und Freude empfindet, arbeitet nicht, sondern hat andere für sich arbeiten lassen. Kapitalistische Arbeit ist anders. Der klassische Kapitalismus unterbricht die anthropologische Schleife des Wesens der Arbeit. Der neue Kapitalismus zerstört sie. Nach kapitalistischer Macht- und Rechtsordnung haben die Eigner die Macht und das Recht, die Produzenten und Produzentinnen in der Arbeit zu reglementieren und vom Ertrag ihrer Arbeit zu trennen, die Rückkehr zum Selbst ist nicht möglich. Das Sein bleibt Entfremdetsein. Die entfremdete Arbeit kämpft um mehr Freiheit oder besser weniger Entfremdung: Höhere Löhne, kürzere Arbeitszeit, humanere Arbeitsbedingungen, soziale Sicherung. Die entfremdete Arbeit des alten Kapitalismus ist nicht Ausdruck der Kreatürlichkeit, sondern Folge der Herrschaft von Menschen über Menschen.

Der neue Kapitalismus unterbricht die anthropologische Schleife des Wesens der Arbeit nicht, er negiert sie und lässt damit die Arbeit erstarren zu leblosen Masse. Aus der lebendigen Arbeit ist der tote Kostenfaktor geworden, der nur nach Zahlen mechanisch funktioniert. Gegenüber dem alten Kapitalismus, der bestimmt war von der Herrschaft des toten Kapitals über die lebendige Arbeit, ist im neuen Kapitalismus die Herrschaft des toten Kapitals über die tote Arbeit geworden. Entfremdete Arbeit kämpft, tote Arbeit kämpft nicht, weil sie nicht mehr leidet, und darum ist alles möglich. Grenzen werden nicht mehr erkennbar, weil niemand daran stößt. Über alldem liegt ein lärmendes Schweigen, das kaum zu ertragen ist.

Die neue Frauenkirche in der alten DDR ist stolz und froh über ihr neues Leben und möchte es nicht gefährden, indem sie das Schweigen bricht. Ich glaube, sie hat es gar nicht erst vernommen.

Das religiöse Bekenntnis zum Leitbild der Dienstgemeinschaft

Die Evangelische Kirche von Westfalen (EKvW) und ihr Diakonisches Werk (DW) regeln das kollektive Arbeitsrecht für ihre Mitarbeitenden auf dem sogenannten „Dritten Weg", den sie seit einigen Jahren zum Kriegspfad entwickelt haben. Sie wollen vor Arbeitsgerichten das von ihnen gegen ihre Mitarbeitenden eingeführte Streikverbot durchsetzen. Darum haben sie 2011 die Gewerkschaft ver.di vor dem Landesarbeitsgericht Hamm verklagt, weil diese 2009 erfolgreich zum Streik in der Kirche aufgerufen hatte.

Mit seinem Urteil vom 11. Februar 2011 bereitete das Landesarbeitsgericht der EKvW und ihrem DW eine krachende Niederlage. Die Klage wurde abgewiesen mit der wesentlichen Begründung, dass das anstelle des Tarifvertragsgesetzes geschaffene Arbeitsrechtsregelungsgesetz kein „gleichwertiges System" ist, weil es „eine Beschränkung der kollektiven Interessenvertretung" darstellt. Das Streikrecht bleibt unangetastet. In AMOS 1-2011 habe ich dem Urteil mit tiefer Befriedigung und leichten Glücksgefühlen meine Kolumne gewidmet.

Gegen das Urteil legten EKvW und ihr DW Berufung ein beim Bundesarbeitsgericht in Erfurt. Gleichzeitig wurde ein neues Kirchengesetz zum Streikverbot auf den (Dritten) Weg gebracht. Am 09. November 2011 verabschiedete die EKD Synode ein Kirchengesetz mit dem monströsen Namen „Arbeitsrechtsregelungsgrundsätzegesetz". Darin heißt es in §1 Abs. 3: „Dieses Verfahren (i.e. der Dritte Weg) schließt Streik und Aussperrung aus." Übrigens wurde das Gesetz von der Präses der Synode, der Pfarr- und Kirchenfrau Karin Göring-Eckardt unterzeichnet. Die jetzige Spitzenkandidatin der Grünen zieht also mit einem Streikverbot für hunderttausende überwiegend weibliche abhängig Beschäftigte in den Wahlkampf.

Das neue Gesetz hat nichts genützt. Am 20. November 2012 hat auch das Bundesarbeitsgericht die Revision der Kläger abgewiesen. Die nächste krachende Niederlage der EKvW und ihres DW im Kampf gegen ihre eigenen Mitarbeiterinnen und Mitarbeiter. Das Streikrecht bleibt unangetastet. Zur Begründung wird wieder auf die Mängel des Dritten Weges verwiesen: Weil die Gewerkschaften als Interessenvertreter der kirchlichen Mitarbeiter und Mitarbeiterinnen in das Verfahren des Dritten Weges organisatorisch nicht eingebunden sind und sich nicht koalitionsmäßig betätigen können und weil das Verhandlungsergebnis für die kirchlichen und diakonischen Arbeitgeber nicht verbindlich ist, kann es kein Streikverbot geben. Im diametralen Gegensatz zum Wortlaut des neuen EKD-Gesetzes lautet die Auffassung des Gerichts: Dieses Verfahren (i.e. der Dritte Weg) schließt ein Streikverbot aus.

Damit ist die Angelegenheit für die Gewerkschaften erledigt. Sie haben recht bekommen und den Prozess gewonnen. Die großen Verlierer sind die EKvW und ihre Diakonie. Darum schreibt die EKvW am Tage der Urteilsverkündung auf ihrer Homepage zum Urteil: „Position von Kirche und Diakonie gestärkt". Das war zu erwarten, die EKvW und ihre Diakonie gewinnen immer, auch wenn sie verlieren. Sie folgen einer höheren Rechtsordnung.

Noch mehr Verwirrung löst das klare Urteil bei den Kindern der Welt aus. Die *Süddeutsche Zeitung* schreibt zum Urteil richtig: „Kirchliche Arbeitnehmer dürfen streiken". In der *WELT* heißt es fälschlicherweise: „Bundesarbeitsgericht bestätigt Streikverbot bei Kirchen". Und der *SPIEGEL* nennt mit vielen anderen die halbe Wahrheit: „Gericht lockert Streikverbot für Kirchenmitarbeiter". Das Urteil kann missbraucht werden zum weltanschaulichen Selbstbedienungsladen, wenn man seinen zentralen Gedankengang vom Ergebnis abkoppelt und bei einem Gedankenstrang verharrt.

Das Gericht konstatiert eine Grundrechtskollision zwischen der Kirchenautonomie nach Art. 140 GG mit Bezug auf die Religionsfreiheit nach Art. 4 Abs. 1 und 2 GG auf der einen Seite und der durch Art. 9 Abs. 3 GG geschützten Koalitionsfreiheit der Gewerkschaften auf der anderen Seite. Das Gericht möchte diese Grundrechtskollision „einem schonenden Ausgleich nach dem Grundsatz praktischer Konkordanz zuführen".

Auf diesem Wege widmet sich das Gericht eindringlich und achtsam dem Selbstverständnis und der Selbstdarstellung der EKvW und ihrer Diakonie. Sie dürfen entsprechend ihrem religiösen Bekenntnis zum Leitbild der Dienstgemeinschaft ein eigenes Arbeitsrechtsregelungsverfahren anwenden. Die EKvW und ihre Diakonie haben dem Gericht den Eindruck vermittelt, dass nach ihrem auf religiösem Bekenntnis fußenden Selbstverständnis ein Streik nicht denkbar ist, denn er „führt zur Auflösung der Dienstgemeinschaft. Er beeinträchtigt in schwerwiegender Weise das diakonische Wirken und beschädigt die Glaubwürdigkeit der Kirche", so die Mitteilung des Gerichts. Im Blick auf die Koalitionsfreiheit der Gewerkschaft auf der anderen Seite ist ein Zurücktreten ihrer Rechte nur zulässig, „sofern diese sich innerhalb des Dritten Weges noch koalitionsmäßig betätigen kann". Da das nicht der Fall ist, ist ein Streik in Kirche und Diakonie mit der richtigen Ausrichtung jederzeit möglich. Man kann der EKvW und ihrer Diakonie nur raten, einen Dritten Weg anzutreten und sich beim Bundesverfassungsgericht die dritte krachende Niederlage einzuhandeln, um sich danach auf der Homepage erneut als Gewinner vor zu stellen.

Mich hat ein Aspekt des Urteils besonders hellhörig gemacht. Das Gericht erklärt, das religiöse Bekenntnis zum Leitbild der Dienstgemeinschaft sei von einem staatlichen Gericht nicht zu überprüfen. Es ist das religiöse Bekenntnis der Leitenden und Herrschenden in Kirche und Diakonie. Es ist theologisch heftig umstritten. Es wurde von mir schon 1979 überprüft und zuletzt in meiner Kolumne AMOS 3-2004 als Irrlehre eingestuft, die gegen reformatorische Grunderkenntnisse verstößt.

Deshalb lautete mein damaliges Fazit: „Darüber entscheiden nun nicht Juristen und Gerichte, sondern Theologinnen und Spruchkammern."

So wird es jetzt nach dem Urteil von Erfurt zusätzlich geschehen.

Abschied vom Dritten Weg

Es tut mir fast ein wenig leid, aber es lässt sich nun einmal nicht vermeiden, dass ich an dieser Stelle noch sehr lange immer wieder vom Kampf der Ev. Kirche von Westfalen (EKvW) und ihrer Diakonie gegen ihre abhängig beschäftigten Mitarbeiter und Mitarbeiterinnen werde reden müssen, denn bis zum Abschluss eines Tarifvertrages für den kirchlichen Dienst werden voraussichtlich noch einige Jahre vergehen, aber er wird kommen. Dafür schreibe ich!

Auch nach dem Urteil des Bundesarbeitsgerichts zum Streik in der Kirche, das der EKvW und ihrer Diakonie eine weitere krachende Niederlage bescherte, habe ich wieder einen ausführlichen Leserbrief an die Kirchenzeitung UNSERE KIRCHE gesandt. Diesmal wurde er in vollem Umfang ohne jegliche Kürzung in der Nr. 2-2013 S. 14 veröffentlicht. Darüber habe ich mich sehr gefreut, denn nun weiß jeder und jede, wie das Erfurter Urteil zu verstehen ist, denn die Redaktion hat die Veröffentlichung mit einem fett gedruckten Zitat aus dem Text überschrieben: „Streik ist jetzt jederzeit möglich."

Es gibt jetzt verschiedene Möglichkeiten, wie es weitergehen kann bis zur Einführung eines Tarifvertrags im kirchlichen Dienst.

1. Ich rate den Prozessverlierern EKvW und Diakonie, auf dem schnellsten Wege das Bundesverfassungsgericht anzurufen. Karlsruhe wird ihnen die endgültige Niederlage bereiten, wenn es über die Grundrechtsfrage zu urteilen hat. Das Bundesarbeitsgericht hat den kirchlichen Arbeitgebern nämlich mit einem sonderbaren Winkelzug unter die Arme gegriffen. Es spricht von einer Grundrechtskollision, weil die kirchlichen Beschäftigten sich auf das Grundrecht der Koalitionsfreiheit Art. 9 Abs. 3 GG berufen,

wohingegen die kirchlichen Arbeitgeber sich auf Art. 140 GG berufen, die sogenannte Kirchenautonomie, nach der sie ihre Angelegenheiten selber regeln dürfen. Das ist selbstverständlich keine Grundrechtskollision, wie das Gericht meint, weil Artikel 140 GG eben kein Grundrecht ist, sondern ein Kirchenprivileg. Dieser Unterordnung des Kirchenprivilegs unter das Grundrecht hilft das Bundesarbeitsgericht ab, indem es das Kirchenprivileg „funktional" auf die Verwirklichung des Grundrechts der Religionsfreiheit aus Art. 4 Abs. 1 und 2 GG bezieht und schon haben wir die gewünschte Grundrechtskollision auf Augenhöhe, die das Gericht dann „einem schonenden Ausgleich" zuführen wollte. Das Verfassungsgericht wird den schonenden Ausgleich kassieren und das Kirchenprivileg dem Grundrecht wieder unterordnen. Wenn das Verfassungsgericht diese Linie verfolgt, wird es möglicherweise den gesamten Dritten Weg für verfassungswidrig erklären müssen.

2. Die kirchlichen Mitarbeiter und Mitarbeiterinnen, ihre Gewerkschaften und Verbände können nun endlich, ausgestattet mit dem verbrieften Streikrecht, mit allem Nachdruck, mit allen Mitteln sozusagen, auf die Einführung des grundgesetzlich abgesicherten kirchlichen Tarifvertrags drängen. Ihre Ausgangsposition zur Erreichung dieses Ziels ist durch das Erfurter Urteil unumstößlich gestärkt worden. Letztlich ist es das erklärte Ziel dieser Bemühungen, am Ende einen flächendeckenden Tarifvertrag zu erreichen für die gesamte Branche „Gesundheit, Pflege, Soziales". Ich brauche hier nicht auszuführen, mit welchen Folgen im Verlaufe der „neoliberalen Konterrevolution" der gesamte Sozialbereich ökonomisiert und vermarktet worden ist. Der neue GPS-Tarifvertrag würde hier Grenzen ziehen und eine andere Entwicklung für Arbeitsbedingungen und Einkommen der Beschäftigten aller

Arbeitgeber einleiten und einen grundlegenden Wandel des sogenannten „Sozialmarktes" befördern können. Auch auf Seiten der kirchlichen Arbeitgeber gibt es vorerst vereinzelt Anzeichen eines Umdenkens. Der Direktor des Diakonischen Werkes der Evangelisch-lutherischen Landeskirche Hannovers beschloss kürzlich ein epd-Interview mit dem Satz: „Wir werden Gespräche mit den Gewerkschaften führen. Ich bin gespannt darauf, was sie als Bedingungen formulieren. Wir müssen jetzt das, was uns die Richter von Erfurt ins Stammbuch geschrieben haben, gemeinsam mit den Gewerkschaften auf den Weg bringen. Unser Ziel bleibt ein allgemeinverbindlicher Tarifvertrag Soziales." Mögen diese Worte auch den Verstand und die Herzen der Kläger aus Westfalen erreichen.

3. In den Mittelpunkt rückt jetzt final die „Dienstgemeinschaft", auf die die kirchlichen Arbeitgeber sich immer wieder berufen. Dazu hat das Bundesarbeitsgericht festgestellt, dass das „religiöse Bekenntnis zum Leitbild der Dienstgemeinschaft" von staatlichen Gerichten nicht überprüft werden kann. Dazu ist zu sagen, wenn nicht von staatlichen Gerichten, dann aber umso dringender von kirchlichen Spruchkammern. Das Wort ist eine leere Worthülse mit mehr als fragwürdiger Herkunft. Es ist theologisch kaum gefüllt worden, sondern wurde lediglich als Kampfbegriff in das Arbeitsrecht eingeführt, um Mitbestimmung und Tarifverträge im kirchlichen Dienst zu verhindern. Alle bekannten schwächlichen und schwülstigen theologisch erscheinen wollenden Ausführungen zur Dienstgemeinschaft sind haltlose Irrlehren, die die lutherische Rechtfertigungslehre und das daraus abgeleitete Verständnis von Beruf und Arbeit des Menschen missachten und verwerfen. Für Irrlehren sind in Westfalen die Spruchkammern zuständig. Für ein Verfahren wegen Irrlehre existiert in der EKvW

seit 1963 eine von der Synode beschlossene „Lehrbeanstandungs-ordnung". Beanstandet wird diesem Fall die theologische Lehre der Kirchenleitung und der Synode. Dieser Fall aber ist in der Lehrbeanstandungsordnung nicht vorgesehen. Sie sieht nur den Fall vor, dass ein „ordinierter Diener am Wort" Irrlehren vertritt. Gegen ihn wird ein Verfahren von der Kirchenleitung eingeleitet. Es geht immer von oben nach unten und zeigt, dass die Kirche eben keine geschwisterliche Dienstgemeinschaft ist, sondern ein bürokratischer Herrschaftsverband. Jetzt müsste auf unseren begründeten Antrag hin, die Kirchenleitung wohl ein Verfahren wegen Irrlehre gegen sich selbst und die Synode einleiten. Wir freuen uns schon auf die kirchenrechtlichen Windungen und Winkelzüge, mit denen das Landeskirchenamt dieser Forderung entgegentreten wird. Einer der fundamentalen Ausgangspunkte der Reformation wird durch den Satz des Reformators markiert: „Auch Konzilien können irren."

Im Jahre 2017 feiert auch die EKvW des 500-jährige Reformationsge-denken. Es wäre ein außergewöhnlich schöner evangelisch-reformato-rischer Beitrag zu diesem Anlass, wenn bis zu diesem Datum ein Lehrbeanstandungsverfahren gegen die Kirchenleitung der EKvW und ihre Synode durchgeführt worden wäre. Dann würde erkennbar, dass ein zentraler Grundgedanke der Reformation nach 500 Jahren in der Kirche der Reformation angekommen ist.

Bundestagsqualprogramme 2013

Eigentlich wollte ich die Bundestagswahlprogramme 2013 einiger Parteien lesen. Doch daraus ist leider nichts geworden. Das Programm der Partei DIE LINKE habe ich gar nicht erst zur Hand genommen, weil diese Partei leider in keinem Falle mitregieren wird. Gerne würde ich mich an der Wahl einer rot-rot-grünen Regierungsmehrheit beteiligen, aber die SPD leidet wie immer an starken Vorbehalten, die sie schwächen.

Das Bundestagswahlprogramm 2013 der CDU konnte ich nicht lesen, da es erst im Juni fertig gestellt werden soll. Die CDU braucht auch gar kein Wahlprogramm 2013, sie hat bereits eins. Es ist Angela Merkel, das rätselhafteste Phänomen der politischen Nachkriegsgeschichte in Deutschland. Dreiviertel aller Wählerinnen und Wähler würden sie gerne wieder als Bundeskanzlerin sehen. Warum, weiß ich nicht. Frau Merkel hat kein einnehmendes Wesen, keine Ausstrahlung, kein Charisma, keinen beeindruckenden Intellekt, keine geistige Tiefe, keine rhetorische Brillanz, keine eigenen politischen Konzepte, keine wegweisenden Gedanken, keine integrativen Kräfte, keine kreativen Potentiale, kein überragendes Wissen, kurz nichts von alldem, was einen außergewöhnlichen Politiker ausmachen könnte. Außer einem, was ausgerechnet ihr ehemaliger Partner aus dem Atomkartell, der frühere Vorstandsvorsitzende der RWE AG Jürgen R. Großmann, in schöner Klarheit auf den Punkt gebracht hat: Frau Merkel sei eine „Macht-Mechanikerin ohne eigene Überzeugungen". „Wenn die eigene Überzeugung nur die ist, an die Macht zu kommen und Macht zu behalten, dann reicht das nicht als Wahlprogramm und das merkt die Bevölkerung", sagte Großmann (WAZ 19.05.2012). Bis heute hat die Bevölkerung nichts gemerkt und das reicht als Wahlprogramm.

SPD und die Partei BÜNDNIS 90/DIE GRÜNEN dagegen haben umfangreiche Bundestagswahlprogramme 2013 vorgelegt: „Das WIR entscheidet" (120 Seiten) und „Zeit für den grünen Wandel" (183 Seiten). Ich habe diese 303 Seiten nicht alle gelesen, weil mir die entscheidenden Passagen gefehlt haben. SPD und Grüne haben in ihrer gemeinsamen Regierungszeit der Neoliberalen Konterrevolution in Deutschland zum Durchbruch und zum Sieg verholfen. Deutschland hat jetzt eine funktionierende Wirtschaft (bis auf viele Ausnahmen wie Schlecker, Opel u.a.), stagnierende Arbeitslosigkeit, einen riesigen Exportüberschuss. Doch die Wirkungen der neoliberalen Konterrevolution sind verheerend. Die soziale Ungleichheit ist so groß wie noch nie zuvor in der Nachkriegsgeschichte dieses Landes. Der private Reichtum hat unbeschreibliche Ausmaße angenommen; die Armut hat sich bis weit in die Familien der kleinen Arbeiter und Angestellten ausgedehnt. In Starnberg leben 4 Prozent der Kinder in Armut in Cottbus 44 Prozent. Die tausend Tafeln sind ein Ausdruck pathologischer Ungleichheit. Leiharbeit, befristete Arbeit, geringfügige Beschäftigung, Niedriglöhne haben sich zunehmend vermehrt und das Normalarbeitsverhältnis nachhaltig zerstört. Die Fixierung der Wirtschaft und der ihr folgenden Politik auf die Kosten der Arbeit und deren Reduktion haben die Arbeit der Menschen auch hierzulande geschändet, entwürdigt und ihres Sinnes beraubt. Das alles hat die rotgrüne Koalition zu verantworten.

Die Partei BÜNDNIS 90/DIE GRÜNEN bleibt davon fast gänzlich unberührt und tut in ihrem Wahlprogramm so, als ob nichts gewesen wäre. Das Programm reiht unaufhörlich eine Forderung an die andere, die zum Teil eine Aufhebung dessen sind, was die Partei zuvor mit eingeführt hat. Die Grünen bringen ihren Wählerinnen und Wählern erst Steuersenkungen und nun die Erhöhung derselben Steuern, ohne ihre Klientel zu verprellen. Der grüne Wandel ist schmerzlos. Die SPD hat es da viel schwerer. Die Schröderpolitik hat die Partei ins Herz getroffen, gespalten und zu guten Teilen abgetötet. Viele gute Köpfe haben sich der virtuellen Arbeitsgemeinschaft „Sozialdemokratinnen und Sozialdemokraten in der SPD" angeschlossen. Die Tragik der SPD besteht darin, dass sie erneut mit dem alten Schröderpersonal in den Wahlkampf ziehen muss, das jetzt nicht gegen sich selbst Wahlkampf machen kann. Im Programm steht, dass die wunderbare Agenda 2010 leider zu mancherlei Missbrauch geführt habe. SPD-Politik heute soll also heißen: Schutz der Agenda 2010 vor Missbrauch. Das wird nicht funktionieren. Die SPD braucht einen programmatischen Neuanfang, der mit einer Absage an die Schröder-Politik und der Pensionierung des Schröderpersonals beginnen muss. Leider gibt es keine neuen Köpfe in der Partei, keine herausragenden Persönlichkeiten der nächsten Generation. Das Personal und damit die Kraft für einen Neuanfang sind einfach nicht vorhanden.

Was den beiden rot-grünen Wahlprogrammen 2013 gemeinsam ist, ist das Fehlen einer kraftvollen und gründlichen Abrechnung mit dem Geist, der Moral und den Untaten des neoliberalen Kapitalismus, der spätestens mit der Bankenkrise 2008 in sich zusammengebrochen ist. Zu formulieren gewesen wären in einer konkreten kraftvollen Vision die Grundzüge eines anderen Kapitalismus, eines Kapitalismus mit menschlichem Antlitz: Aufbau einer Wirtschaftsdemokratie (Macht-Geld- und Umweltkontrolle), Abbau der pathologischen Ungleichheiten bei Einkommen und Vermögen und Herstellung humaner Arbeitsformen und -verhältnisse, Ausblick auf eine neue Versöhnung von Arbeit und Leben in einem neuen Gesellschafts- und Geschlechtervertrag.

Von alledem sind wir weit entfernt. Wo wir uns stattdessen bewegen, zeigt ein Blick auf die Wahlvorbereitungen der FDP. Der NRW Landesverband veröffentlichte gerade ein Wahlplakat für Westerwelle mit dem Slogan: „Gerechtigkeit statt Umverteilung – Das geht nur mit uns". Immer wenn die konservativen Akteure des neoliberalen Kapitalismus sich mit sozialer Gerechtigkeit befassen wollen, wird die Konfusion bis zur Absurdität gesteigert. Der FDP-Slogan ist gedanklicher Schwachsinn oder mehr noch: Er ist vollkommen sinnlos. Seit Aristoteles ist Gerechtigkeit Verteilungsgerechtigkeit (iustitia distributiva). Sie will jedem Menschen das Seine zuteilen oder lassen oder wiederverschaffen oder abverlangen oder ermöglichen. Sie will so viel Gleichheit wie möglich und so viel Ungleichheit wie nötig. Sie ist die Bedingung der Möglichkeit der Freiheit aller. Auf dem Weg dieser Gerechtigkeit ist Leben.

Der FDP-Slogan ist ein neuer Meilenstein auf dem Irrweg, der weit weg führt von einer sozialen Marktwirtschaft und schon gesäumt wird von Meilensteinen der Konfusionsspezialisten der CDU (Neue Gerechtigkeit durch mehr Freiheit) und der neuen Vordenkerin der Grünen (sinngemäß: Der Staat darf nicht wie bisher Gleichheit herstellen wollen, sondern muss Gerechtigkeit ermöglichen).

Es bleibt dabei: Auch in diesem Jahr werde ich wie immer in den letzten 50 Jahren zur Bundestagswahl gehen und wie immer dieselbe Partei wählen.

„Der Streit tobt weiter"

In der westfälischen Kirchenzeitung UNSERE KIRCHE (UK) erschien zuletzt im Mai 2013 ein epd-Artikel mit dieser Überschrift, der den Stand der Auseinandersetzung über das Streikrecht der Mitarbeitenden der Kirche wiedergeben wollte, nachdem das Landesarbeitsgericht in Hamm im Februar 2011 und das Bundesarbeitsgericht im November 2012 in zweiter und dritter Instanz das kirchliche Streikverbot aufgehoben haben. Zu den Urteilen der beiden Instanzen habe ich jeweils einen langen verschärften Leserbrief an UK gerichtet. Zu meiner Freude wurden beide Briefe nahezu unverändert in voller Länge veröffentlicht. Nun habe ich auf diesen Artikel wieder mit einem Leserbrief reagiert, den ich hier kursiv veröffentliche:

Der Artikel enthält einen Satz mit folgendem Wortlaut: „Mit Verweis auf eine besondere christliche Dienstgemeinschaft sind Streiks und Aussperrungen ausgeschlossen."
Diese Aussage entspricht nicht der Wahrheit. Tatsache ist, dass das Bundesarbeitsgericht in seinem Urteil vom 20. November 2012... eine entsprechende Klage der kirchlich-diakonischen Arbeitgeber in dritter Instanz abgewiesen hat. Das Streikrecht der Mitarbeiter und Mitarbeiterinnen in Kirche und Diakonie bleibt unangetastet. Ich möchte die Redaktion von UK darum bitten, bei dieser Wahrheit zu bleiben und anderslautende Berichte und Stellungnahmen nicht mehr abzudrucken. Der Artikel zitiert an anderer Stelle in indirekter Rede Äußerungen des Präsidenten des Diakonie-Bundesverbandes Johannes Stockmeier:

Anstatt die Gerichte zu bemühen, solle die Gewerkschaft das Gesprächsangebot der Diakonie annehmen... Dieser Satz ist eine beinahe an Verleumdung grenzende Falschaussage. Richtig ist, dass es die kirchlich-diakonischen Arbeitgeber waren, die bis zur dritten Instanz die Gerichte bemüht haben, um ihren Mitarbeiterinnen und Mitarbeitern das Streikrecht zu nehmen.

Ich rate den kirchlich-diakonischen Arbeitgebern auf gegen die Gewerkschaften gerichtete wahrheitswidrige Äußerungen zu verzichten und sich stattdessen um einen konstruktiven Weg zur Entwicklung eines flächendeckenden GPS-Tarifvertrags (Gesundheit, Pflege, Soziales) zu bemühen.... "

Nachdem ich diesen Leserbrief abgesandt hatte, meldete sich etliche Tage später die UK-Redaktion bei mir und teilte mit, dass man diesen Brief nicht in UK veröffentlichen werde. Das war sehr freundlich von der Redaktion, denn so muss man sich nicht verhalten gegenüber einem Leserbriefschreiber. Auf meine Frage nach der Begründung erhielt ich die Antwort, dass UK nicht wie von mir geschrieben die Unwahrheit mittels eines epd-Artikels verbreite, sondern das Urteil des BAG zur Aufhebung des Streikverbots in der Kirche irgendwie ganz anders verstehe als ich, sodass von einer Aufhebung des Streikverbots in Kirche und Diakonie nicht die Rede sein könne.

Mit dieser Reaktion folgt nun auch die kirchliche Presse geschlossen (bis auf AMOS) der Strategie der Kirchen- und Diakonieführer, die nach dem in 3. Instanz vor dem Bundesarbeitsgericht verlorenen Prozess in kontrafaktischem und tatsachenimmunem Starrsinn darauf bestehen, den Prozess gewonnen haben, um ihre Herrschaft nicht zu verlieren.

Inzwischen halte ich auch das schriftliche Urteil des BAG in Händen und habe angefangen, es zu lesen. Doch schon auf der ersten Seite hielt ich erschrocken inne. Hier werden zunächst alle kirchlichen und diakonischen Klägerinstitutionen aufgeführt nebst den Namen der Personen, die sie in dieser Klage vertreten. Es sind 9 an der Zahl, die gemeinsam durch die Instanzen gezogen sind. Ich würde sie gerne alle beim Namen nennen, beschränke mich aber aus Platzgründen auf die Evangelische Kirche von Westfalen. Diese wird, so steht es da, vertreten durch die Kirchenleitung, diese wird, so steht es da, vertreten durch Präses Annette Kurschus.

Mit diesem juristischen Formalismus wird einem die beispiellose Perversität des kirchlichen Vorgehens noch einmal besonders deutlich vor Augen geführt. Die liebenswerte, kluge Frau Kurschus, die immer und überall gute, gehaltvolle theologische Worte findet ist die, wie es heute heißt, Leitende Geistliche der EKvW und damit aller 100.000 kirchlichen und diakonischen Mitarbeiterinnen und Mitarbeiter. Kaum ist sie im Amt, muss sie mit ihrem Amt und Namen gegen alle ihre Mitarbeiterinnen und Mitarbeiter ins Feld ziehen, um allen Bürgerinnen und Bürgern, die im Dienst der Kirche und Diakonie arbeiten, ein Grundrecht gerichtlich aberkennen zu lassen. Ein schier beispielloser Vorgang in der Geschichte der Kirche. Ich habe noch kein Wort von ihr darüber gehört, wie sie diesen ihren Kampf gegen die kirchlichen Mitarbeiter und Mitarbeiterinnen ethisch und theologisch verantworten kann und will. Ich bitte die freundliche Frau Präses, auf meine Frage öffentlich zu antworten.

Gelangen Frauen in der Kirche zur Herrschaft, so scheint es zumindest in dieser Angelegenheit zu sein, wird nichts besser, nicht einmal anders. Es gibt in diesem Zusammenhang noch ein weiteres eindrucksvolles Beispiel. Die mächtigste Kirchenfrau der Zeit ist Karin Göring-Eckardt, eine ehemalige Theologiestudentin aus Thüringen. Sie ist Präses der Synode der EKD. In diesem Amt hat sie am 09. November 2011 auf der Tagung der Synode der EKD das neue Arbeitsrechtsregelungsgrundsätzegesetz (sic!) unterzeichnet und in Kraft gesetzt. In §1 Abs. 3 wird 7 Monate nach der Aufhebung des Streikverbots durch das Landesarbeitsgericht festgesetzt, dass in der Kirche Streik ausgeschlossen ist. Damit unterschreibt die Präses, dass das Grundrecht Art. 9 GG für die Mitarbeitenden in Kirche und Diakonie nicht gilt.

Katrin Göring-Eckardt ist zugleich Vizepräsidenten des Deutschen Bundestages und damit Inhaberin eines der ranghöchsten politischen Ämter der BRD und hat kein Problem damit, Grundrechte für einzelne Bevölkerungsgruppen abzuschaffen.

Nicht genug damit. Katrin Göring-Eckardt ist von der Basis gewählte Spitzenkandidatin der Grünen im Bundestagswahlkampf 2013. Die Grünen bestreiten also einen Wahlkampf mit einer Spitzenkandidatin, die das Grundrecht der Koalitionsfreiheit abgeschafft hat.

Dem Kampf der Kirche für die Abschaffung eines Grundrechts wird in Kirche und Gesellschaft von kaum jemandem beachtet. Ich werde da keine Ruhe geben bis die Ev. Kirche und ihre Diakonie auf den Boden des Grundgesetzes zurückgekehrt sind.

Es geht auch anders

Am 27. Oktober 2013 ist nach langer Krankheit Klaus Hoppmann im Alter von 86 Jahren verstorben. Der Verstorbene war eine außergewöhnliche Persönlichkeit und ein besonderer Unternehmer, der ein einmaliges Lebenswerk hinterlassen hat.

Vor genau 30 Jahren hat er mich als Sozialethiker und Pfarrer in den Vorstand der von ihm gegründeten Unternehmensträgerstiftung „Demokratie im Alltag" geholt und vor 15 Jahren zum Vorsitzenden bestimmt. Mein Leben ist seither ganz eng mit dem Hoppmann-Modell und seinen Menschen verbunden.

Die Gründung der Stiftung im Jahre 1974 war der krönende Abschluss eines langen Reformprozesses, der 1961 begonnen hatte. Zunächst wurde eine Gewinnbeteiligung aller Mitarbeitenden eingeführt. Danach wurden Formen der Mitbestimmung auf allen Ebenen des Unternehmens eingerichtet. Zuletzt dann übertrug Klaus Hoppmann seinen gesamten Firmenbesitz als Stiftungsvermögen an die Stiftung.

Die Stiftung ist seitdem Alleingesellschafterin der Martin Hoppmann GmbH. Das Unternehmen gehört zu den großen Autohäusern in Deutschland mit heute 7 Fabrikaten und rund 300 Beschäftigten an 8 Standorten.

In der Satzung der Stiftung legte der Stifter die gemeinnützigen sozialen Zwecke der Stiftung fest, die in erster Linie zur Förderung sozial benachteiligter Kinder und Jugendlicher ausgerichtet sind.

Klaus Hoppmann war einer der ganz wenigen bedeutenden Sozialreformer der zweiten Hälfte des 20. Jahrhunderts in Deutschland. Das Hoppmann-Modell ist ein unübersehbares Zeichen für eine andere, weil gerechtere Art des Wirtschaftens. Es zeigt eine andere Art von Kapitalismus, einen Kapitalismus mit „menschlichem Antlitz". Dies tritt uns gerade heute angesichts der neuen bizarren Verwerfungen der kapitalistischen Wirtschaftsweise besonders deutlich vor Augen. Insbesondere die letzten Jahre der kapitalistischen Weltwirtschaft haben uns gezeigt, dass diese Art des Wirtschaftens ruinös ist und keine Zukunft hat. Klaus Hoppmann hat uns mit seinem Unternehmen bewiesen: Es geht auch anders.

Schon bald nach der Übernahme unternehmerischer Verantwortung in jungen Jahren stellte er sich ebendiese Frage:
Was ist Gerechtigkeit im Wirtschaftsleben?

Seine Antworten auf diese Frage waren geprägt von seiner gründlich reflektierten christlich-humanistischen Weltanschauung, in der der Wert der Gerechtigkeit eine herausragende Rolle spielte.

Sein christliches Glaubensverständnis hatte ihn zu der Erkenntnis geführt, dass christlicher Glaube und soziale Weltverantwortung untrennbar miteinander verwoben sind. Das hieß für ihn: Der christlichen Nächstenliebe unter den Menschen muss die soziale Gerechtigkeit in den Institutionen der Gesellschaft als „Liebe durch Strukturen" entsprechen. Diesem Zusammenhang war das Leben und Wirken des Verstorbenen gewidmet.

Gerechtigkeit bei der Verteilung der Macht und der Güter ist die Bedingung der Möglichkeit der individuellen Freiheit aller Menschen. Andernfalls bleibt sie das Privileg der Minderheit. Das Hoppmann-

Modell löst die Verteilungsfrage von Macht und Geld auf der Ebene eines Wirtschaftsunternehmens beispielhaft auf geradezu spektakuläre Weise.

Die Einzelheiten und Entwicklungen des Hoppmann-Modells lassen sich heute in zahlreichen Veröffentlichungen nachlesen und verfolgen. In der Stunde des Abschieds von Klaus Hoppmann möchte ich auf das Ganze der Teile verweisen.

Mehr als ein halbes Jahrhundert ist seit den Anfängen der Reformen vergangen. Entstanden ist ein sozialethisches Meisterwerk, das jeder Kenner nur mit Bewunderung zur Kenntnis nehmen kann. Im Grunde ist das Hoppmann-Modell ein „soziales Gesamtkunstwerk", weil die kreativen Ideen nicht im Kopf des Denkers verblieben sind, sondern leibhaftige Gestalt angenommen haben in einem von zahllosen lebendigen Individuen gebildeten Organismus, der als kunstvoll komponierter Solitär aus der grauen Realität herausragt.

Dass das Werk gelungen ist, lag vor allem an der Persönlichkeit von Klaus Hoppmann. Er verfügte nicht nur über kreative Ideen und kluge Gedanken. Er besaß zudem die Fähigkeit, mit den Mitarbeiterinnen und Mitarbeitern so umzugehen, dass der lange Weg der Reformen gemeinsam gegangen werden konnte. Er begegnete den Menschen mit Empathie und Respekt. Er genoss größte Hochachtung unter der Belegschaft wegen seines bescheidenen Auftretens, seines menschenfreundlichen Wesens, seiner besonderen Art mit Konflikten und Problemen umzugehen und nicht zuletzt wegen seines feinen Humors.
Für die Mitglieder der Hoppmann-Stiftung, deren Vorsitzender ich bin, war es eine große Ehre, mit einer Persönlichkeit wie Klaus Hoppmann zusammen zu arbeiten.

Wir werden den Verstorbenen nicht nur in ehrenvoller und lebendiger Erinnerung behalten. Wir haben darüber hinaus die uns übertragene Aufgabe zu erfüllen, das Lebenswerk Klaus Hoppmanns zu erhalten, auf einem guten Weg weiterzuführen und zur Wirkung kommen zu lassen. Dabei gilt es, in seinem Geist und unter Bewahrung der Werte seiner Lebens- und Unternehmensphilosophie zu denken und zu handeln.

Literatur:

Klaus Hoppmann-König
>   Mehr Gerechtigkeit wagen
>   Autobiographische Collage
>   Münster 2006 (254 S.)

Wolfgang Belitz (HG)
>   HOPPMANN – Eine unternehmerische Alternative
>   Mit demokratischer Beteiligung und sozialer Gerechtigkeit
>   zum wirtschaftlichen Erfolg
>   Lengerich 2011 (353 S.)

Der Weg führt über Hannover

Die Leitung der Ev. Kirche von Westfalen und ihre Synode sind mit ihren hartnäckigen Bemühungen, den Arbeiterinnen und Angestellten in Kirche und Diakonie das Grundrecht der Koalitionsfreiheit zu nehmen, vorerst aufgrund ihrer in Beton gegossenen Verstocktheit ins hoffnungslose Abseits geraten.

Gerade wollten sie nach den verlorenen Prozessen vor dem Landesarbeitsgericht Hamm und dem Bundesarbeitsgericht Erfurt die Angelegenheit in ihrem Sinne zu Ende bringen, indem sie auf der Novembersynode 2013 eine neue Fassung des Arbeitsrechtsregelungsgrundsätzegesetzes (sic!) verabschiedet haben, um das Streikverbot wider alle Richtersprüche zu zementieren. Es wurde ein Doppelweg beschritten.

1a) Veränderung des Arbeitsrechtsregelungsgesetzes:

Das Landesarbeitsgericht hatte den kirchlichen Arbeitgebern ins Stammbuch geschrieben, dass ihr Dritter Weg minderes Recht darstelle, weil die Arbeitnehmerbank in der arbeitsrechtlichen Kommission keine Tarifexperten der Gewerkschaften zulasse. Es könne also nicht aller Sachverstand für die Arbeitnehmer mobilisiert werden. Also schreibt das neue Gesetz im Gegensatz zu alten Regelungen fest, dass nun auch Gewerkschaftsvertreter in der Arbeitsrechtlichen Kommission mitwirken dürfen, die beruflich nicht im kirchlichen und diakonischen Dienst tätig sind, also hauptamtliche gewerkschaftliche Tarifexperten sein können.

Diese Regelung wird den Kirchlichen Arbeitgebern nichts nützen, da Gewerkschaften nach wie vor selbstverständlich den Dritten Weg ablehnen müssen, weil er anachronistisch und für Gewerkschaften unzumutbar ist.

1b) Lohnsenkung statt Outsourcing:

Das Landesarbeitsgericht hatte den kirchlichen Arbeitgebern ferner ins Stammbuch geschrieben, wenn auch die kirchliche Arbeitswelt so verachtenswerte Praktiken kenne wie Outsourcing und Leiharbeit, dann könnten sie zu alledem nicht auch noch ein kirchliches Streikverbot erlassen. Diesem Vorwurf will die kirchliche Praxis nun damit begegnen, dass statt des öffentlich und gerichtlich kritisierten Outsourcings nun innerkirchliche Lohnsenkungen hinter verschlossenen Türen durchgeführt werden (s. das Beispiel Haus Villigst im Jahre 2012). Das heißt nun, den Teufel mit Beelzebub austreiben und kann mit keinem Argument begründet werden. Eine solche Vorgehensweise ist sittenwidrig.

2. „Kirchengemäße" Tarifverträge sind möglich:

Das Bundesarbeitsgericht hatte erklärt, die kirchlichen Arbeitgeber könnten nur weiterkommen, wenn sie einheitliche Vergütungsregelungen anwenden und die Gewerkschaften sich „koalitionsgemäß" betätigen können. Das bedeutet, ohne Tarifvertrag geht gar nichts. Deshalb wollten die Kirchen einen Schritt in diese Richtung gehen. Das neue Gesetz sieht einheitliche Vergütungsregelungen vor und bietet in der Folge des Urteils den Gewerkschaften nun „kirchengemäße" Tarifverträge an. Kirchengemäß heißt, Tarifverträge mit Streikverbot und Zwangsschlichtung. Man reibt sich die Augen und wundert sich über die Arroganz und ideologische Verbohrtheit der kirchlichen Arbeitgeber. Selbstverständlich wird sich keine Gewerkschaft auf ein solch besinnungs- und bewusstloses Angebot einlassen können und dürfen, weil es die Koalitionsfreiheit mit Füßen tritt.

Statt nach den beiden Niederlagen vor Gericht nun mit den Gewerkschaften auf Augenhöhe in Verhandlungen über Lösungen einzutreten, machen die Kirchen den Gewerkschaften mit dem neuen Gesetz in Westfalen nun ein nicht nachzuvollziehendes „Unterwerfungsangebot". Mir ist nichts davon bekannt, dass es in der Synode 2013 vor der Abstimmung über das neue Arbeitsrechtsgrundsätzeregelungsgesetz eine kontroverse Debatte gegeben hat und anschließend eine Kampfabstimmung. Es gab eine „Aussprache" während der der neue Superintendent der wiedervereinigten Kirchenkreise von Dortmund im Dritten Weg ein „modernes demokratisches Verfahren, das zu guten Ergebnissen führt", sah, sprach der Superintendent des Kirchenkreises Gelsenkirchen-Wattenscheid von einem „Auslaufmodell" und der Superintendent des Kirchenkreises Herne zeigte sich überzeugt, dass mit den Gewerkschaften „eine auskömmliche Finanzierung der Einrichtungen eher möglich" wäre. Immerhin!

Mit ihrer Entscheidung hat die Synode eine folgenreiche Blockade gesetzt. Die einzige Chance besteht jetzt für die westfälische Kirche darin, in einen Prozess der „Gewissenserforschung" (Oswald v. Nell-Breuning) darüber einzutreten, warum die kirchlichen Arbeitgeber nicht in der Lage sind, Grundhaltungen eines modernen Arbeitgebertums zu entwickeln, das sich u.a. durch Gerechtigkeit als Fairness und Respekt auszeichnet. Die Kirchenführer Westfalens müssen sich fragen und fragen lassen, warum sie immer noch nicht in der Lage sind, das Tarifvertragswesen als eine der bedeutendsten Errungenschaften der Sozialgeschichte sozialethisch und faktisch zu würdigen, die ganz wesentlich zur Menschenwürde des Einzelnen und zu günstigen Entwicklungen des Gemeinwesens und der Kirchen beigetragen hat.

In diesem Jahr ist das neue diakonische Werk in Niedersachsen entstanden, an dem vier niedersächsische Landeskirchen beteiligt sind. Anlässlich der Gründungsfeier am 31. Januar schrieb der epd: „Der hannoversche Landesbischof Meister hob die Sozialpartnerschaft hervor, die die Diakonie mit der Dienstleistungsgewerkschaft ver.di und dem Marburger Bund anstrebt. In Niedersachsen wird sie künftig direkt mit den Gewerkschaften Tarifverhandlungen führen. Sie setzt damit eine Forderung des Bundesarbeitsgerichts nach einer Neuregelung des kirchlichen Arbeitsrechts um.“

Für die westfälischen Hardliner kann der Weg der Gerechtigkeit nur über Hannover führen.

Die neue Sozialwortlosigkeit

Derzeit macht das Buch des französischen Ökonomen Thomas Piketty „Das Kapital im 21. Jahrhundert" in den USA und im Feuilleton Furore. Darin untermauert der Autor die These, dass zu fast allen Zeiten des Kapitalismus die Wachstumsrate des Vermögens die Wachstumsrate der Arbeit deutlich übertrifft. Mit Vermögen lassen sich fast immer höhere Einkommen erzielen als mit Arbeit. Die Folge ist wachsende soziale Ungleichheit in den kapitalistischen Gesellschaften. Der Volksmund sagt zu dieser Grundtendenz des Kapitalismus: Die Reichen werden immer reicher, die Armen zahlreicher und immer ärmer und die Mittelschicht wird abgehängt.

Heutzutage hat die Ungleichheit durch die Kraft der weltweit geschätzten und geförderten „neoliberalen Konterrevolution" ein Ausmaß angenommen, das nur noch mit bizarren Zahlen beschrieben werden kann und jedermann und jederfrau bekannt ist.
10 Prozent der Haushalte unter uns verfügen über 61 Prozent des Geldvermögens. Die Hälfte der Haushalte ist vermögenslos. Das Gesamteinkommen aus Unternehmertätigkeit und Vermögen, aus Lohn und Gehalt geht zu über 90 Prozent an die eine Hälfte der Bevölkerung, 42 Prozent gehen an das reichste Zehntel.

Der britische Sozialforscher Richard Wilkinson hat 2009 in seinem Buch „Gleichheit ist Glück" die verheerenden Folgen steigender sozialer Ungleichheit nachgewiesen. *„ Wir haben Dutzende Studien ausgewertet. Massive Ungleichheit macht eine Gesellschaft ganz generell dysfunktionaler. Ohne Ausnahme. "* Seine Forderung: mehr soziale Gleichheit mildert viele Probleme wie Kriminalität, Gewalt, schlechte

Gesundheit, Übergewicht, Drogenmissbrauch und fördert den Bildungsstand, die Lebenserwartung, den sozialen Frieden und dadurch das Wohlergehen der kleinen Leute.

Angesichts der sich immer mehr verschärfenden sozialen Ungleichheit können nur noch radikale Eingriffe helfen. So fordert Piketty: Erstens eine Vermögenssteuer, die bei einem Vermögen von 200.000 Euro mit einem Prozent jährlich beginnt, bei mehr als einer Million Euro auf zwei Prozent steigt und bei Milliardenvermögen auch bis zu 10 Prozent steigen kann. Zweitens eine Einkommenssteuer von bis zu 80 Prozent für Spitzenverdiener. Zum besseren Verständnis verweist er darauf, dass der höchste Steuersatz in den ersten drei Jahrzehnten nach dem Zeiten Weltkrieg nie unter 70 Prozent gelegen hat.

Eine neue Debatte über soziale Ungleichheit und soziale Gerechtigkeit kündigt sich an, auch auf höherer Ebene. Selbst die OECD sieht jetzt in einem neuen Bericht die eklatanten Lohn- und Vermögensunterschiede als „gemeingefährlich" an.

Nun haben sich auch die Kirchen wieder zu Wort gemeldet. Der Rat der Evangelischen Kirche in Deutschland und die Deutsche Bischofskonferenz haben nach eigenem Bekunden die „Initiative für eine erneuerte Wirtschafts- und Sozialordnung" ergriffen und im Februar ein neues Sozialwort unter dem Titel „Gemeinsame Verantwortung für eine gerechte Gesellschaft" veröffentlicht. Es soll anknüpfen an das 1997 veröffentlichte Sozialwort „Für eine Zukunft in Solidarität und Gerechtigkeit". Damals formulierten die Kirchen ein klares Programm zur Beseitigung der Armut in unserem Land und forderten Mittel und Wege, endlich den gesellschaftlichen Reichtum statistisch ermitteln zu lassen (Reichtumsberichte) und so einzusetzen, dass die soziale Ungleichheit gemildert werden könne. Friedhelm Hengsbach nannte seinerzeit diese Reformvorschläge eine Alternative zur rotgrünen Regierungspolitik.

Das neue Sozialwort 2014 hat das Wort von 1997 in tiefer Bewusst- und Besinnungslosigkeit versinken lassen. Es erinnert weder an die eigene Vergangenheit noch nimmt es das Ausmaß und die Folgen der gemeingefährlichen sozialen Ungleichheit in der Gegenwart zur Kenntnis, sondern liefert damit die Begleitmusik zur gefälligen Politik der großen Koalition und vollzieht den Schulterschluss der kirchlichen Eliten mit den wirtschaftlichen und politischen Eliten des Landes, wie Friedhelm Hengsbach heute anmerkt.

Mit seinen klugen, ausgewogenen, glatten, geschmeidigen, nicht bilanzierenden, sondern balancierenden Gedankengängen unterstreicht das neue Sozialwort zumindest die sozialethische Grundrichtung, die die EKD seit Beginn des Jahrhunderts eingeschlagen hat. Um mit den herrschenden Eliten auf einer Wellenlänge zu bleiben wurde der Zentralbegriff Verteilungsgerechtigkeit verwässert und dann gänzlich vernachlässigt, um keinen Anstoß zu erregen. Ein Musterbeispiel der die Verteilungsgerechtigkeit preisgebenden Gefälligkeitsethik findet sich etwa in der EKD-Denkschrift „Gerechte Teilhabe" von 2006:

„Armut ist auch ein materielles Problem, aber sie kann nicht auf ihre materielle Dimension reduziert werden. Wird Gerechtigkeit auf eine - eng verstandene - Verteilungsgerechtigkeit reduziert, entsteht die Gefahr des Wohlfahrtspaternalismus, der durch bloße Finanztransfers lediglich die Abhängigkeiten verstärkt... "

Die große Leistung des neuen Sozialworts besteht nun darin, die Verdrängung der Frage nach der Verteilungsgerechtigkeit weiter zu forcieren. So lautet die Botschaft der Kirchen heute:

„Wir regen aber auch dazu an, den gesellschaftspolitischen Kurs nicht nur auf der Ebene der Verteilungsgerechtigkeit zu führen.
... Es geht deshalb darum, stärker als bisher auch die soziale und kulturelle Dimension von Armut in den Blick zu nehmen.
... denn der Kampf gegen die Bildungsarmut ist zugleich ein wesentliches Mittel zur Überwindung von Armut generell.
... Denn Bildungspolitik ist vorsorgende Sozialpolitik. "

Wer diesen Weg zur Verminderung der gemeingefährlichen Ungleichheit einschlagen will, braucht viel Geld für gediegene Bildungsreformen. Darum kommt man heute an der Radikalisierung der Verteilungsfrage nicht vorbei. Für jeden Weg der Verminderung der sozialen Ungleichheit bedarf es der Erhöhung des Spitzensteuersatzes für Einkommen, der Einführung einer Vermögensteuer und einer radikalen Reform der Erbschaftssteuer. Dazu schweigen die Kirchenführer in ihrem Sozialwort. Darum müssen sie jetzt erst einmal in Klausur gehen und die Bücher von Thomas Piketty und Christopher Wilkenson diskutieren, um die Realität zu erreichen.

Die wunderbare Welt der Angela

Gelegentlich läuft mir Angela Merkel über den Weg, zuletzt bei der Fußballweltmeisterschaft dieses Jahr in Brasilien. Die Bundeskanzlerin ist zum ersten Vorrundenspiel der deutschen Nationalmannschaft am 16. Juni nach Salvador gereist, um als Zuschauerin daran teilzunehmen. Sie war die einzige der Regierungschefinnen und Regierungschefs der 32 beteiligten Länder, die zu einem Vorrundenspiel der Nationalmannschaft ihres Landes angereist ist. Die Bundeskanzlerin ist dann noch einmal zum Finale der Fußballweltmeisterschaft am 13. Juli gereist, um als Zuschauerin daran teilzunehmen. Nicht einmal die argentinische Staatspräsidentin Kirchner hat an diesem Finale teilgenommen

.

Außer mir hat an diesen Reisen der Regierungschefin niemand Anstoß genommen. Ich mag Kabarett und spiele es manchmal. Dabei ist mir die Realsatire am liebsten. In diesem Falle witterte ich eine Realsatire und schrieb am 21. Juli zwei Briefe: einen an den Bundeskanzleramtsminister Altmaier und einen an Staatsekretär Seibert, Chef des Presse- und Informationsamtes der Bundesregierung. Die Briefe hatten gleichlautend ungefähr folgenden Inhalt:

„Bitte beantworten Sie mir die Frage: Wie hoch waren die Kosten für die zweimalige Inanspruchnahme der staatlichen Flugbereitschaft, für Fahrten vor Ort, für Unterkunft und Verpflegung, für Eintrittskarten, für die Security und Sonstiges und wer hat sie bezahlt?"
Unbestritten ist, dass der Besuch eines Vorrundenspiels der deutschen Nationalmannschaft bei einer Fußballweltmeisterschaft nicht zu den Dienstgeschäften der Bundeskanzlerin gehört. Es handelt sich viel-

mehr um eine Privatreise der Bundeskanzlerin, die ausschließlich auf das persönliche Interesse der Bundeskanzlerin an Fußballspielen der deutschen Nationalmannschaft zurückzuführen ist und ihrem persönlichen Vergnügen dient und nicht dem deutschen Volke.

Unbestritten ist ebenfalls, dass der Besuch des Finales ebenso nicht zu den Dienstgeschäften der Bundeskanzlerin gehört. Diese Tatsache wird im Falle des Finales besonders dadurch unterstrichen, dass der Bundespräsident daran teilgenommen hat. Eine solche Teilnahme gehört zu den Repräsentationsaufgaben unseres Staatsoberhauptes und wird dienstlich abgewickelt. Die Kanzlerin reist privat zum eigenen Vergnügen und hat selbstverständlich wie alle anderen deutschen Zuschauerinnen und Zuschauer die Kosten zu tragen.

Bitte verzichten Sie darauf, ein dienstliches Interesse zu konstruieren etwa durch den Hinweis auf ein Treffen mit der brasilianischen Präsidentin Dilma Rousseff oder dem russischen Präsidenten Putin, der zufällig zur Endspielzeit zu einem Treffen der BRICS-Gruppe in Rio weilte."

Die Antwort des Bundeskanzleramtes kam relativ rasch am 05. August 2014, war naiv, dilettantisch und ließ nichts zu wünschen übrig. Es war offensichtlich auf der untersten Hierarchieebene angefertigt worden und beantwortete meine Fragen wie folgt.

Die Reisen der Bundeskanzlerin waren Dienstreisen ...

... weil niemand etwas dagegen hatte.

... weil die Möglichkeit bestand, „mit wichtigen Persönlichkeiten des internationalen öffentlichen Lebens zu sprechen".

... weil es der Kanzlerin „ein besonderes Anliegen war, ‚vor Ort' der deutschen Mannschaft den Rücken zu stärken".

Fazit: Die beiden Reisen nach Brasilien waren keine Dienstreisen, die Begründungen Realsatire. Ich habe dann noch einmal nachgefragt, wer denn nun die Kosten der Privatreisen der Kanzlerin getragen habe und in welcher Höhe. Zudem habe ich als Fußballexperte darauf hingewiesen, dass das Anliegen, vor Ort der deutschen Nationalmannschaft den Rücken zu stärken, eine Aufgabe der physiotherapeutischen Abteilung des DFB sei.

Auch auf dieses Schreiben kam noch einmal eine kolossale Antwort aus dem Bundeskanzleramt mit Postzustellungsurkunde. Meine Frage nach den Kosten der Privatreisen wurde nun als „Antrag nach dem Informationsfreiheitsgesetz (IFG)" ausgelegt, weil es um amtliche Informationen ginge. Der Antrag müsse allerdings abgelehnt werden, weil zu seiner Bearbeitung verschiedene politische Informationsquellen herangezogen werden müssten, wozu das Kanzleramt nicht verpflichtet sei.

Am 12. August kam dann auch ein Brief aus dem Bundespresse- und Informationsamt von Ministerialdirektor XY, sehr professionell, ausführlich, abschließend:

Beide Reisen seien Dienstreisen: Die Kanzlerin traf zu offiziellen Gesprächen mit Präsidentin Dilma Rousseff (s.o.) zusammen – sie sprach mit brasilianischen Bundeskanzlerstipendiaten, mit Vertretern deutscher Wirtschaftsunternehmen, mit Studenten der technischen Universität Senai Climatec und besuchte das Sportcamp des DFB. Anlässlich des Endspiels in Rio „traf sie den russischen Präsidenten Wladimir Putin (s.o.); sie sprachen über die ernste Lage in der Ostukraine" (sic!). Das Endspiel wurde nur am Rande besucht. Damit ist der realsatirischen Performance Tür und Tor geöffnet. Leider fehlt mir wie immer der Platz zur genüsslichen Entfaltung.

Also nur noch eine Anmerkung: Am 23. September findet auf Einladung des UN-Generalsekretärs in New York der Klimagipfel statt, der als wichtige Etappe zu einem neuen Klimavertrag im kommenden Jahr gilt. Alle Regierungschefs einschließlich Obama werden kommen. Angela Merkel hat schon vor Monaten „terminliche Gründe" dafür angegeben, dass sie nicht kommen wird, obwohl die Fußballweltmeisterschaft dann längst vorbei ist.

So sieht die zauberhafte Welt der Angela M. aus.

„Wachstum und Beschäftigung"

D ie „neoliberale Konterrevolution" hat sich nun seit Jahr und Tag durchgesetzt und weltweit den Sieg errungen über alle Denkansätze für ein humanes und ökologisches Wirtschaften. Trotz aller Misserfolge, Zerstörungen, Krisen, Katastrophen, schreienden Ungerechtigkeiten und massiven Kritiken bleibt der Neoliberalismus unerschütterlicher Sieger, weil seine Verfechter und Nutznießer über alle politische und ökonomische Macht verfügen und sich darum vor niemanden rechtfertigen oder verantworten müssen. Neuerdings werden nun alle weiteren politischen und ökonomischen Debatten, differenzierten Betrachtungen und Kontroversen über den Weg in die Zukunft in der Praxis des aktuellen Neoliberalismus dogmatisch weggeräumt mit der Konzentration auf das neoliberale Mantra „Wachstum und Beschäftigung". Das ist nicht neu, aber in dieser Konzentration und Universalität propagiert, kann die „Generation Merkel" mit neuer Intensität die Alternativlosigkeit der alten „Ökonomie des Todes" verfolgen.

„Das Mantra (Spruch, Lied, Hymne) bezeichnet eine heilige Silbe, ein heiliges Wort oder einen heiligen Vers. Diese sind ‚Klangkörper' einer spirituellen Kraft, die sich durch meist repetitives Rezitieren im Diesseits manifestieren soll." Genau so geschieht es in der neoliberalen Theorie und Praxis, aber mit entgegengesetzter Zielsetzung wird daraus eine reale Perversion. Der Klangkörper entbindet keine spirituelle Kraft, sondern entfesselt alle materiellen Kräfte einer blinden Ökonomie entgegen aller menschlichen Erkenntnis.

Geht man dem Mantra auf den Grund, dann wird erkennbar, dass es eine starke Reduktion aller Wachstumskritik bedeutet. In meinem Regal steht seit 1972 das Buch von Dennis Meadows: *Die Grenzen des Wachstums, Bericht an den Club of Rome zur Lage der Menschheit.* Hier wird zum ersten Mal und umfassend die These belegt, dass es in einem nicht unendlichen System wie der Erde kein unendliches Wachstum gibt. Es gibt Grenzen des Wachstums. Die Entnahme von Rohstoffen ist ebenso begrenzt wie die Freisetzung von Abwärme und die Absorption von Schadstoffen. Diese These ist nach langen kontroversen Debatten heute unbestritten. Die Bemühungen, daraus Konsequenzen zu realisieren, sind mit unterschiedlicher Intensität und in disparaten Bereichen mit eher geringem Erfolg im Gange, treten immer wieder auf der Stelle und sind gelegentlich wieder rückwärtsgewandt.

Seit längerem und besonders seit Anfang der Großen Koalition und mit Beginn der neuen EU-Kommission spielt die notwendige und fundamentale Wachstumskritik so gut wie keine Rolle mehr. Die Grenzfragen werden unter der eher beschaulichen Überschrift „Klimawandel" behandelt und im Sprachgebrauch von Groko und EU spielt das Mantra „Wachstum und Beschäftigung" eine so fraglos dominierende Rolle, dass der Anschein erweckt wird, der Politik sei ein kritikfreier Königsweg zum Wohle der Menschen aufgetan worden. Die Wachstumsschäden werden in der Mantrapropaganda ausgeklammert und niemand fragt, was bei der Forcierung der Wachstumsideologie aus dem werden soll, was im Allgemeinen anthropozentrischen Sprachgebrauch „Umwelt" genannt wird.

Auf der anderen Seite beschwört das Mantra den Zusammenhang von Wachstum und Beschäftigung. In meinem Regal steht seit 1983 das Buch von André Gorz: *Wege ins Paradies, Thesen zur Krise, Automation und Zukunft der Arbeit.* Seine Lektüre und andere Autoren (Rifkin, Leontief, Hengsbach) haben mich zu meinem Vier-Drei-Zwei-Eins-Weg zu einem neuen Gesellschaftsvertrag mit Arbeit und

Einkommen für alle Menschen inspiriert, über den ich in dieser AMOS-Kolumne unaufhörlich berichtet habe.

Liebe Mantraanhänger: Dauerhaft schafft Wachstum keine Arbeitsplätze. Der Zusammenhang zwischen wirtschaftlichem Wachstum und steigender Beschäftigung ist mehr als brüchig und besteht nur, wenn die Wirtschaftswachstumsrate höher ist als die Wachstumsrate der Arbeitsproduktivität, und diese Relation wird wegen der fortschreitenden mikroelektronischen Automatisierungsmöglichkeiten eher seltener bestehen. Ideologisch ist das Mantra „Wachstum und Beschäftigung" logisch, empirisch ist es eher anachronistisch. Schon vor Jahrzehnten konnte ich dazu festhalten:

„Im Zeitraum von 1966 bis 1991 verdoppelt sich das Bruttoinlandsprodukt von 1.300 Mrd. DM auf real 2.600 Mrd. DM. Im selben Zeitraum verringert sich das Arbeitsvolumen, das zur Erstellung des BIP aufgewandt worden ist, um 15 Prozent."

An der mantrakritischen Realität hat sich inzwischen wenig geändert: Von 2000 bis 2013 stieg das BIP um 33 Prozent bei im selben Zeitraum leicht sinkendem Arbeitsvolumen. Meine uralte These lautet: *„Immer mehr materieller Reichtum wird produziert mit immer weniger menschlicher Arbeitskraft."* Diese Zusammenhänge verdrängt der Neoliberalismus und verweist stattdessen ohne Bezug auf die Entwicklung des sinkenden Arbeitsvolumens auf die steigende Zahl der Arbeitsplätze. Von 2000 bis 2013 wuchs das BIP um 33 Prozent und die Zahl der beschäftigten Arbeitnehmer stieg im selben Zeitraum um knapp 2 Mio. von 36 auf knapp 38 Mio. Das Mantra lebt: Wachstum und Beschäftigung. Berücksichtigt man hingegen die Tatsache des leicht sinkenden Arbeitsvolumens, dann lautet die Schlussfolgerung: Immer mehr Menschen müssen sich immer weniger Arbeit teilen. Da die Teilung nicht gerecht erfolgt, sondern machtorientiert und schichtenspezifisch, erhalten immer mehr Menschen eine geringfügige Beschäftigung, von der sie nicht leben können. So können die Arbeitslosenzahlen sinken und die Beschäftigtenzahlen steigen, indem aus den „arbeitslosen Armen" „arbeitende Arme" werden.

Um eine Anklage der Klassengesellschaft zu übertönen, muss der Klangkörper „Wachstum und Beschäftigung" hell erklingen und sich durch permanentes „repetitives Rezitieren" durchsetzen. Bislang und weiterhin mit großem Erfolg. So geht Neoliberalismus.

Wachstum und Verteilung

Zuletzt hat Thomas Piketty in seinem Buch „Das Kapital im 21. Jahrhundert (6. Aufl. 2015) eindrucksvoll vor Augen geführt, dass zum Kapitalismus wesensmäßig soziale Ungleichheit gehört, und Richard Wilkinson hat 2009 in seinem Buch „The Spirit Level. Why More Equal Societies Almost Always Do Better" die verheerenden Folgen sozialer Ungleichheit belegt (vgl. meinen Beitrag AMOS 1-2014). Seit nunmehr mehr als 30 Jahren wird der Siegeszug der „Neoliberalen Konterrevolution" von einer unaufhaltsamen Vertiefung der sozialen Ungleichheit begleitet, der niemand Einhalt gebieten kann und will, zumal die Akteure der NK (Neoliberale Konterrevolution) unberührt die These verfechten, dass soziale Ungleichheit der „Sauerteig" der sozialen Marktwirtschaft (sic!) sei und ihre Kritik der pathologischen Kategorie „Sozialneid" zugerechnet werden müsse.

Nun ändert sich etwas. Die Kritik wird vielstimmiger, institutioneller und kommt auch aus dem Establishment. Zum jährlichen Weltwirtschaftsforum in Davos im Januar 2015 legte die britische zivilgesellschaftliche Organisation Oxfam eine Studie mit neuen bizarren Zahlen zu den Dimensionen der sozialen Ungleichheit vor: Die berühmte 1:99 Prozent Relation. 2014 besaß das reichste Prozent der Weltbevölkerung 48 Prozent des Wohlstands und 99 Prozent 52 Prozent. Die Vertiefung der sozialen Ungleichheit verläuft weiterhin so rasch, dass in 2016 das eine Prozent mehr als die Hälfte des Weltvermögens besitzen wird. Oxfams Recherche setzt noch einen drauf: Die 85 reichsten Menschen er Erde besitzen genau so viel wie die ärmere Hälfte der Weltbevölkerung – das sind rund 3,5 Milliarden Menschen.

Es geht noch weiter. Fast das gesamte Resteigentum besitzen 20 Prozent der Weltbevölkerung. 80 Prozent der Weltbevölkerung teilen sich den verbliebenen Rest von 5,5 Prozent.

„Das Ausmaß der globalen Ungleichheit ist einfach erschütternd", sagt die Oxfam-Direktorin. Das Weltwirtschaftsforum der Wirtschafts- und Politikeliten war nicht erschüttert und diskutierte erst gar nicht die von Oxfam geforderten Korrekturmaßnahmen: Bekämpfung von Steuervermeidung und Steuerflucht, die Besteuerung von Kapital anstelle von Arbeit, Einführung von Mindestlöhnen, Verbesserung von Bildungs- und Gesundheitssystemen zur Behebung der kontraproduktiven Folgen sozialer Ungleichheit.
Eine andere Fokussierung der Kritik verfolgt der Text „Focus on Inequality and Growth" der OECD vom Dezember 2014. (Eine ähnliche Richtung der Kritik hatte eine Studie des IWF vom Frühjahr 2014 eingeschlagen: „Redistribution, Inequality and Growth). Der OECD-Text ist kein emphatisches Plädoyer für soziale Gerechtigkeit, sondern eine kühle ökonomische Mainstream-Analyse: Einkommensungleichheit beeinträchtigt das Wirtschaftswachstum. Umgekehrt formuliert, wer Wirtschaftswachstum will, muss die soziale Ungleichheit abbauen und zwar von oben nach unten. Das ist mit gleicher Zielsetzung das Kontrastprogramm zum Mantra der Junker-EU „Wachstum und Beschäftigung" durch die Bereitstellung eines gigantischen Investitionsvolumens für die Wirtschaft.

Das OECD-Papier hingegen präsentiert folgende Argumentationskette: Seit 30 Jahren vertieft sich die soziale Ungleichheit in vielen Industrieländern, also exakt seit Beginn des weltweiten Siegeszuges der NK. Beispiel Deutschland: In den 1980er Jahren verdienten die reichsten 10 Prozent der Bevölkerung fünf Mal so viel wie die ärmsten 10 Prozent. Heute liegt das Verhältnis bei 7:1.

Die steigende Einkommensungleichheit beeinträchtigt und hemmt das wirtschaftliche Wachstum. Für Deutschland wird uns vorgerechnet: Das inflationsbereinigte Bruttoinlandsprodukt pro Kopf hat sich zwischen 1990 und 2010 um etwa 26 Prozent erhöht. Wäre die Einkommensungleichheit in diesem Zeitraum gleich geblieben wäre das Wachstum um 6 Prozent höher ausgefallen. Bleiben die Unterschichten und die unteren Mittelschichten (40 Prozent) von optimalen Bildungsprozessen, effektiver Ausbildung von Kompetenzen und der ungehemmten Entwicklung persönlicher Stärken ausgeschlossen, dann nimmt die Volkswirtschaft Schaden und das Land bleibt hinter seinen Möglichkeiten zurück.

Fazit des OECD Generalsekretärs: *„Unsere Analyse zeigt, dass wir nur auf starkes und dauerhaftes Wachstum zählen können, wenn wir der hohen und weiter wachsenden Ungleichheit etwas entgegensetzen ... Der Kampf gegen Ungleichheit muss in das Zentrum der politischen Debatte rücken."*

Aus ökonomischen Gründen ist die Inklusion der Armen die Voraussetzung für das Wohlergehen der Gesamtgesellschaft. Politisch notwendig und sinnvoll ist ein Masterplan zur Reduktion der sozialen Ungleichheit durch eine Redistribution von oben nach unten.
Ehe wir davon sprechen, warum ein solcher Weg im neoliberalen Kapitalismus nicht gangbar ist, noch ein Wort von Franziskus zur sozialen Ungleichheit aus seinem Apostolischen Schreiben „Evangelii Gaudium" aus dem letzten Jahr: *„Diese Wirtschaft tötet ... Nein zu einer Wirtschaft der Ausschließung und der Disparität der Einkommen ... Nein zur sozialen Ungleichheit, die Gewalt hervorbringt."*
Der Papst schließt sich der empirisch belegten Argumentation von Wilkinson an. Eine Verringerung der sozialen Ungleichheit (damit ist die Inklusion der unteren 40 Prozent gemeint) verringert die Gewalt-

potentiale einer Gesellschaft. Mit anderen Worten: bei weniger sozialer Ungleichheit und mehr Gleichheit unter den Menschen gibt es möglicherweise kein Charlie Hebdo.

Einen Masterplan zur Reduktion der sozialen Ungleichheit durch eine Redistribution von oben nach unten wird es im neoliberalen Kapitalismus nicht geben können. Für seine ökonomischen und politischen Eliten sind solche Gedanken undenkbar, denn sie haben gerade ausgeholt, den Krönungsstein für den finalen Sieg der NK zu setzen: die Legalisierung der faktischen Herrschaft der Ökonomie über die Welt und ihre Bewohner. Durch die geheimen Vorhaben TTIB und TISA wird den Unternehmen die ehemals demokratische Gesetzgebung unterworfen. Für Verstöße wird eine Sondergerichtsbarkeit eingeführt, die ihre Rechte wahren soll. Die Verringerung der sozialen Ungleichheit zur Rettung der Menschen liegt außerhalb ihrer Denkmöglichkeit. Der Kampf gegen Ungleichheit muss an der Peripherie der politischen Debatte bleiben.
So geht Neoliberalismus.

Mein Lieblingsbuch:
Joseph Stieglitz, Der Preis der Ungleichheit - Wie die Spaltung der Gesellschaft unsere Zukunft bedroht - München 2012

Abschied von der SPD

Ich habe eine lange Geschichte mit der SPD. Ich habe an 14 Bundestagswahlen teilgenommen und auch an jeweils ebenso vielen Landtags- und Kommunalwahlen. Hinzu kommen die 8 Europawahlen seit 1979. Ich habe dann wohl 50 mal gewählt und jedes Mal die gleiche Wahl getroffen. Das heißt, ich habe 50 mal SPD gewählt. Eine andere Wahl hatte ich nie. Ich entstamme keiner Arbeiterfamilie, sondern einer Familie des evangelischen Kleinbürgertums. In unserem Dorf wurde immer SPD gewählt, allerdings in einem Umfeld, das bei der ersten Reichstagswahl nach Hitlers „Machtergreifung" am 05. März 1933 mit 46 Prozent der Stimmen die NSDAP gewählt hatte.

Die Entstehung meines sozialpolitischen Bewusstseins wurde geprägt einmal von den Armuts- und Ungerechtigkeitserfahrungen eines Kriegswaisen nach 1945. Zum anderen gab es da die besonderen Strukturen und Mechanismen eines bizarren kapitalistischen Industriedorfes. Unser Dorf wurde in jeder Hinsicht dominiert von einem riesigen Industriebetrieb mitten im Zentrum wo sonst die Kirche steht, der sich zum weltweit führenden Unternehmen im Bereich Hütten- und Walzwerkstechnik entwickelte mit einer für ein kleines Dorf unfassbaren Beschäftigtenzahl von mehr als 2000 Menschen. Ein solches Erfahrungsfeld des Kapitalismus mit „menschlichem Antlitz" gab es nur in unserer Region. Wenn ich bald in den Ruhestand gehe, möchte ich in einer biographischen Skizze diese einmalige Konstellation endlich einmal genauer festhalten. Der Frage nach der Ursache, den Erscheinungsformen und den Grenzen sozialer Ungleichheit unter den Menschen konnte ich mich in diesem Umfeld meiner Kindheit und Jugendzeit gar nicht entziehen und wurde niemals davon losgelassen. Ich wurde dadurch auf einen einfachen Lebensweg geführt.

Das Godesberger Programm habe ich sehr spät gelesen als ein für mich überzeugendes Parteiprogramm, dem in Deutschland kein anderes das Wasser reichen kann.

Es ist der Widerspruch unserer Zeit, ... dass der Mensch die Produktivkräfte aufs höchste entwickelte, ungeheure Reichtümer ansammelte, ohne allen einen gerechten Anteil an dieser gemeinsamen Leistung zu verschaffen ... Diesen Widerspruch aufzulösen, sind wir Menschen aufgerufen ... Nur durch eine neue und bessere Ordnung der Gesellschaft öffnet der Mensch den Weg in seine Freiheit. Diese neue und bessere Ordnung erstrebt der demokratische Sozialismus.

Ohne dass meine politischen und sozialethischen Gedanken und Konzepte in diesem Parteiprogramm je aufgegangen wären, konnte ich danach SPD-Wähler werden und bleiben. Im Jahre 2003 habe ich an dieser Stelle (s. AMOS 1-2003) in weiser Voraussicht dazu folgendes geschrieben:

„Es war das Ziel der modernen Sozialdemokratie, an der Aufhebung dieses Widerspruchs zu arbeiten. Das nannte man früher freundlich soziale Reformpolitik im Kapitalismus und unfreundlich Reformismus. Dieses Ziel, soziale Ungleichheit und damit soziale Ungerechtigkeit durch politische und tarifpolitische Handlungen zu verringern, habe ich immer geteilt und werde immer dafür eintreten. Es ist durch nichts zu ersetzen, da die Verringerung sozialer Ungleichheit respektive die Vermehrung sozialer Gerechtigkeit die Bedingung der Möglichkeit der Freiheit aller und damit eines jeden und einer jeden ist. Ein anderes Ziel politischen Handelns kann es nicht geben. Die aktuell handelnde Sozialdemokratie hat dieses Ziel aus den Augen verloren,

ist auf Abwege und Irrwege geraten, in einen Abgrund gestürzt und befindet sich im freien Fall. Der Aufbruch zur neuen Mitte wurde zum Absturz in neue Untiefen. Es ist bald der letzte mögliche Zeitpunkt gekommen für Einhalt, Selbstbesinnung und Umkehr.“

12 Jahre später hat es den Anschein, als sei der letzte mögliche Zeitpunkt zur Umkehr der Sozialdemokratie auf den Weg des Godesberger Programms nun endgültig verpasst. Bei der Bundestagswahl 1998 wählten 41 Prozent der Wählerinnen und Wähler die SPD und 35 Prozent CDU, eine Zahl die nicht sehr weit entfernt war von den Wahlergebnissen für Brandt und Schmidt. Schröder wurde Bundeskanzler und damit begann der Niedergang der SPD. Die Wiederwahl Schröders erfolgte 2002 mit 38,5 Prozent der Stimmen. Dann kam ab März 2003 die Agenda 2010, ein negatives Reformprogramm zugunsten der Wirtschaft und zu Lasten der Arbeitnehmer, Alten, Arbeitslosen, das sich nicht mehr an sozialdemokratischen Werten orientieren konnte, weil es den „Wirtschaftspolitischen Forderungskatalog“ der Bertelsmann-Stiftung zur Grundlage hatte. Das Ende der deutschen Sozialdemokratie kam näher durch eine antisozialdemokratische Politik: Entlastung des Kapitals, Belastung der Arbeit, sinkende Reallöhne, Zerstörung des Normalarbeitsverhältnisses, Vergrößerung des Niedriglohnsektors, Erleichterung der Leiharbeit, Verschlechterung der sozialen Sicherung bei Krankheit, Arbeitslosigkeit und im Alter, arbeitgeberorientierte Steuerpolitik, Suppenküchen und Tafeln für die Armen usw. usf.

Schröder spaltete die Partei und zerrieb sie. Etliche Mitglieder verließen die Partei, schlossen sich der 2005 neugegründeten WASG an oder verschwanden in der großen Partei der Nichtwähler. Das Desaster hätte größer nicht sein können. Nach der Abwahl Schröders 2005 landete die Partei in den folgenden Wahlen 2009 und 2013 bei 23 bzw.

25 Prozent der Wählerstimmen. Da unten hockt sie nun und weiß nicht weiter. Ihr fehlen jegliche Konzepte und Ideen für eine postneoliberale sozialdemokratische Politik zur Verringerung der sich immer weiter vertiefenden sozialen Ungleichheit. Sie ist auch gar nicht daran interessiert. Sie könnte auch gar kein „Godesberg 2020" entwickeln. Die gegenwärtigen Parteigrößen sind allesamt ehemalige Gefolgsleute Schröders, Apologeten seiner Politik und damit hoffnungslos in den Niedergang der Partei verstrickt. Neue jüngere politische Talente und potentielle Vordenker sind weit und breit nicht in Sicht, weil aus Unbelehrbarkeit und Verdrängung kein neues Leben entstehen kann.

Ich selber habe die Partei nicht verlassen und werde es auch nicht tun. Ich habe mich 2005 der neu gegründeten virtuellen „Arbeitsgemeinschaft Sozialdemokraten in der SPD" angeschlossen, damit Perspektiven des demokratischen Sozialismus sichtbar bleiben wie in dem Unternehmensmodell, dem ich seit 17 Jahren vorstehe, das vor Schröder begann und nach Schröder nicht endete.

Endlosschleife

Ich war gerade dabei, die Kolumne für diese Ausgabe zu schreiben, da meldete sich das Bundesverfassungsgericht in meiner Maschine mit einer Pressemitteilung vom 02. September: *„Verfassungsbeschwerde gegen ‚Dritten Weg‘ im kirchlichen Arbeitsrecht unzulässig. "* Bei diesem Thema schrillen bei mir sofort die Alarmglocken. Ich höre sie gern. Darum habe ich mich gleich dieser Situation zugewandt.

Zur Erinnerung:

Im Jahre 2009 streikten kirchliche Mitarbeitende als Gewerkschaftsmitglieder. Kurz gesagt, Kirche und Diakonie (KuD) verklagten daraufhin die Gewerkschaft Verdi vor dem Arbeitsgericht auf Unterlassung, weil nach ihrer Auffassung Streiks in der Kirche verboten sind, und bekamen recht. Am 13. Januar 2011 kam es vor dem Landearbeitsgericht Hamm zu einem Prozess über ein von Kirche und Diakonie (KuD) beantragtes gerichtliches Streikverbot in der Kirche. Der Antrag wurde ohne wenn und aber verworfen. Eine krachende Niederlage für Kirche und Diakonie (Kolumne AMOS 1-2011). KuD gingen in Berufung beim Bundesarbeitsgericht in Erfurt, das am 20. November 2012 die Revision verwarf, eine weitere krachende Niederlage von KuD (Kolumne AMOS 4-2012).

Beide Niederlagen verstanden KuD als grandiosen Sieg, weil das Gericht den Dritten Weg nicht verboten hatte, sondern für den Fall für zulässig erklärte, dass die Gewerkschaften sich „koalitionsmäßig betätigen" könnten. Diesen Fall gibt es bis heute nicht. Das Streikrecht für Mitarbeitende in KuD bleibt unangetastet.

Nach dem Urteil des BAG 2012 trat der folgende Fall ein:

Der Prozessgewinner Verdi fürchtet, dass KuD in der Folge des Urteils mit Berufung auf das Urteil Regelungen treffen könnten, mit denen sie das Streikrecht als Grundrecht wiederum aushebeln zu können glaubten. Deshalb legte die Gewerkschaft Verfassungsbeschwerde gegen das Urteil in Karlsruhe ein zum Schutze des Grundrechts.

Die Prozessverlierer gehen normalerweise zur letzten Instanz. KuD verzichteten aus Furcht vor der endgültigen Niederlage vor dem BVG auf Revision, weil niemand ihnen den Dritten Weg weggenommen hatte, nur das Streikverbot. Sie erklärten sich wahrheitswidrig zu Prozessgewinnern, bastelten eine Lösung, die die Auflagen der Gerichte für ein Streikverbot erfüllen sollte („koalitionsmäßige Betätigung der Gewerkschaften"). Die Novembersynode 2013 der EKvW verabschiedete eine neue Fassung des Arbeitsrechtsgrundsätzeregelungsgesetzes (sic!), um das gewünschte Streikverbot unanfechtbar zu machen. Es bietet den Gewerkschaften „kirchengemäße Tarifverträge" an, das sind Tarifverträge mit Streikverbot und Zwangsschlichtung. Wie man auf die Idee kommen kann, über ein solches „Unterwerfungsangebot" mit Gewerkschaften verhandeln zu können, bleibt für den gesunden Menschenverstand ein Rätsel.

Deshalb ist alles beim alten geblieben bis auf eine Ausnahme (Kolumne AMOS 1-2014)
Jetzt haben die Gewerkschaften eine Antwort aus Karlsruhe erhalten auf ihre Verfassungsbeschwerde, die ich mit laienhaften Worten so verstehen kann: Die Gewerkschaften brauchen keine Angst zu haben,

denn nach dem Urteil des BAG, kann das Streikrecht nicht angetastet werden:

1. Dafür steht der Inhalt des Urteils des BAG. „**Die gegen sie** (die Gewerkschaften und ihr Streikrecht) **gerichtete Klage ist in vollem Umfang abgewiesen worden.**" sagt das BVG wörtlich in seiner Unzulässigkeitserklärung der Verfassungsbeschwerde. Es fehle also hier an einem Beschwerdegrund.

2. Die vom BAG genannten Anforderungen an den Dritten Weg sind inhaltlich für KuD vollkommen offen und also auch kein Anlass zu einer Verfassungsbeschwerde. Erst wenn die Kirchen beginnen, wie im jetzt vorliegenden Fall des Arbeitsrechtgrundsätzeneuregelungsgesetzes, kirchenrechtliche Regelungen zu beschließen, die das Streikrecht ausschließen, könnten die Gewerkschaften betroffen sein. Dann ist den Gewerkschaften zuzumuten, sagt das BVG, wieder den Rechtsweg von unten nach oben zu gehen, um die Unversehrtheit des Streikrechts zu bewahren.

Damit hat die Unzulässigkeitserklärung der gewerkschaftlichen Verfassungsbeschwerde durch das BVG die Befürchtungen der Gewerkschaften nach ihrem Sieg zerstreut und andernfalls wieder auf den Rechtsweg verwiesen.

KuD sind jetzt endgültig in der Sackgasse gelandet. Aber auch nach dieser Entscheidung aus Karlsruhe triumphieren die Hardliner in KuD wieder: *„Verdi scheitert"* Der Diakoniepräsident: *„Mit der Zurückweisung der Verfassungsbeschwerde der Gewerkschaft Verdi hat das Gericht unsere rechtliche Bewertung bestätigt..."* Deshalb erklärt der oberste Jurist der EKvW hoffnungsvoll: *„Wir (laden) die Gewerkschaften erneut ein, mit uns gemeinsam den Dritten Weg zu gestal-*

ten.“ Der erneute Versuch, nachdem der erste gescheitert ist, wäre dann ein Dritter Weg mit Grundrecht auf Streik. Und das ist dann das Tarifvertragsmodell. Auf denn KuD!

Eine andere Welt im grauen Staub der Wirklichkeit

Am 25. Oktober dieses Jahres bin ich 75 Jahre alt geworden. Mit dem Erreichen dieses Alters bin ich laut Satzung aus dem Vorstand der Hoppmann Stiftung in Siegen ausgeschieden. 32 Jahre lang war ich Vorstandsmitglied dieser einmaligen Stiftung, davon die letzten 17 Jahre Vorstandsvorsitzender.

Die Hoppmann Stiftung stellt einen äußerst seltenen Typ von Stiftung dar. Sie ist eine Unternehmenseigentümerstiftung, will heißen das Stiftungsvermögen ist kein Kapitalvermögen, sondern Betriebsvermögen. Die Hoppmann Stiftung ist die Eigentümerin der Martin Hoppmann GmbH, eines der großen Autohäuser in Deutschland mit momentan 5 Marken an 11 Standorten und 400 Beschäftigten. Darüber hinaus verfügt das Unternehmen über eine einmalige Unternehmensverfassung, die ihresgleichen sucht.

Das „sozialethisches Gesamtkunstwerk", wie ich es nenne, ist das Lebenswerk des Siegener Unternehmers und evangelischen Sozialreformers Klaus Hoppmann, der am 27. Oktober 2013 im Alter von 86 Jahren verstorben ist. Von ihm und seinem Wirken habe ich an dieser Stelle mehrmals berichtet: AMOS 2-2007 anlässlich seines 80. Geburtstags und AMOS 4-2013 nach seinem Tode.

Hoppmann hat mit seiner Belegschaft zwischen 1961 und 1974 das Gesamtkunstwerk aus vier Elementen zu einer ganz seltenen Einheit geformt.

1. Die Mitarbeitenden sind über den übertariflichen Lohn oder das Gehalt hinaus zu gleichen Teilen am Gewinn beteiligt.
2. Es gibt neben dem Betriebsrat Mitbestimmung am Arbeitsplatz in Arbeitsgruppen.
3. Das Unternehmen wird durch einen paritätisch besetzten Wirtschaftsausschuss aus Abteilungsleitern und Betriebsratsmitgliedern geleitet.
4. Eigentümer des gesamten Unternehmens ist seit 1974 nicht mehr der frühere Unternehmer, sondern die gemeinnützige Hoppmann Stiftung.

Der Reformator hat sich bei seinem großen Reformwerk ausschließlich an sozialethischen Werten orientiert, die er im Selbststudium und im Gespräch mit kundigen Gesprächspartnern entwickelt hat unter der Fragestellung Gerechtigkeit im Wirtschaftsleben.[1]

Auf kurzen Wegen kam ich nach Theologiestudium und Vikariat 1970 als Sozialpfarrer in das Sozialamt der EKvW nach Haus Villigst in Schwerte, wo ich mich durch selbstbestimmte Arbeitsschwerpunkte zum Sozial- und Wirtschaftsethiker entwickeln konnte. Schon früh lernte ich das „Hoppmann-Modell" und seine Menschen kennen und war restlos begeistert davon, dass im gnadenlosen Machtspiel des Konkurrenzkapitalismus mit seiner Herrschaft von Menschen über Menschen und seiner Heiligsprechung des Privateigentums der Wenigen an Produktionsmitteln ein „sozialethisches Gesamtkunstwerk" dieser Klasse errichtet werden konnte. Heute ist das Modell 54 Jahre alt. Es ist groß und stark geworden und behauptet sich überaus erfolgreich auf dem brutalen Markt der modernen Automobilindustrie ohne seine Werte zu verraten oder zu beschädigen.

[1] Für die interessierte Leserin: Wolfgang Belitz, HOPPMANN-
Eine unternehmerische Alternative, Lengerich 2011

Zunächst durch Besuchskontakte und später dann durch die Solidarische Kirche lernte ich Klaus Hoppmann näher kennen und hoch zu schätzen. Im Jahre1983 holte er mich als Sozialethiker in seinen Stiftungsvorstand. Dieses Engagement war ein einzigartiger Glücksfall für mein langes berufliches Leben, denn es war mir wie auf den Leib geschrieben, weil die Anforderungen und Aufgaben nahezu vollkommen meinen Interessen, meinen Werten und meinem Wissen als Sozialethiker entsprachen.

Der Stiftungszweck nach innen ist die Erhaltung und Pflege des Modells und nach außen die Förderung von Projekten für sozial benachteiligte Kinder und Jugendliche. Die Stiftung entnimmt ihrem Unternehmen jährlich einen Betrag in Höhe von einem Prozent des Eigenkapitals, das sind zur Zeit knapp 140 000 Euro. Sie ist eine Förderstiftung, erhält unaufhörlich Förderanträge von Initiativen, Vereinen, Gruppen, Verbänden und Institutionen, die im Bereich der Zielgruppe auf unterschiedlichste Weise tätig sind oder werden wollen und von der gemeinnützigen Stiftung gefördert werden möchten. In meiner Zeit erreichten uns viele hundert Anträge und insgesamt vergab die Stiftung ca. 2,5 Mio. Euro an Projekte, die ihr förderungswürdig erschienen. Gerne wurden Projekte aus der Region unterstützt, aber es gab auch Geld für Projekte von Hamburg bis München und von Aachen bis Frankfurt a. d. O. Fördermittel gingen auf den Balkan und nach Südeuropa, nach Südamerika, Asien und vor allem nach Afrika. Hier haben wir zuletzt einen kleinen Schwerpunkt gesetzt mit der Errichtung einer Kindertagesstätte in Tansania und vielen Projekten für ehemalige Kindersoldaten im Ostkongo.

In meiner Zeit als Vorsitzender wurde auf meinen Vorschlag hin ein elementarer Wechsel der Stiftungsarbeit vollzogen: aus einer reinen Förderstiftung wurde zusätzlich und mehr und mehr eine operative

Stiftung, die mit den eigenen Mitteln ein eigenes Großprojekt für arbeitslose Jugendliche ins Leben rief. Seit 2006 errichten wir auf einem riesigen ehemaligen Schießstandgelände der Wehrmacht und später der belgischen Besatzungstruppen mitten im Stadtforst in Siegen das „SCHÖNUNDGUT Erfahrungsfeld Fischbacherberg"[2].

Der Name ist Programm. Ich habe das Konzept entwickelt als Versuch einer alternativen Förderung und Findung von Jugendlichen zwischen Schule und Arbeitswelt. Jugendliche haben das Recht herauszufinden, welches ihre Stärken sind und was sie damit anfangen können. Dazu benötigen sie Möglichkeiten zu unterschiedlichen Arbeitserfahrungen in einem Ambiente von herausragender Schönheit. Deshalb entstehen auf dem Gelände Werkstätten, Gärten, Kunstwerke und Theater in meisterlicher Architektur: ein Dreiklang aus Manufaktur, Kultur und Natur. Das Projekt war von Anfang an ein Selbstläufer, weil es von allen Seiten begrüßt und gefördert wurde. Inzwischen konnten mit allerhand Unterstützung mehr als 2 Millionen Euro dafür aufgebracht werden. Ich habe jetzt mit guten Gefühlen eine „paradiesische Baustelle" verlassen. Bei meiner Verabschiedung hat die Stiftung mich zum Ehrenvorsitzenden bestellt, was bedeutet, dass ich zeitlebens mit dem Unternehmen, mit der Stiftung und dem Großprojekt auf das innigste verbunden bleiben werde. Ich habe hier in kaum zu beschreibender Weise mein berufliches Glück gefunden, das möglicherweise auch über das 75. Lebensjahr hin aus anhält.

[2] www.erfahrungsfeld-schoen-und-gut.de

Die Plutokratie fördern nicht fordern

In unregelmäßiger Regelmäßigkeit geht eine kurze Meldung durch die Medienwelt, erregt einen Augenblick Aufmerksamkeit und verschwindet dann wieder spurlos. Die NGO Oxfam veröffentlichte auch diesen Januar wieder einen Bericht über die dramatische Verschärfung der weltweiten Ungleichheit der Vermögen: Den 62 reichsten Menschen der Erde gehört ein Vermögen, das zusammen so groß ist wie das Gesamtvermögen der ärmeren Hälfte der Weltbevölkerung (3,7 Mrd. Menschen). Unter den 62 reichste Menschen befinden sich auch einige Deutsche z.B.: Georg Schäffler mit Muttis Schäfflerkugellagergruppe als derzeit reichster Deutscher (24,1 Mrd. Euro), die ALDI-Erben Nord (Theo 17 Mrd. Euro) und Süd (Beate und Karl 19,1 Mrd. Euro), sowie die BMW-Quant-Geschwister Susanne und Stefan mit Mutti Johannas Anteil (41,4 Mrd. Euro). Das reicht erst einmal.

Zeitgleich vermeldete eine unbedeutende Tageszeitung die neueste Zahl zum innerdeutschen Verteilungsskandal auf der Grundlage der letzten EVS von 2013. Danach verfügen 10 Prozent der Haushalte über 51,9 Prozent des inzwischen auf 5.200 Mrd. Euro angewachsenen Nettovermögens. Im Jahre 1998 waren es noch 45,1 Prozent. 50 Prozent der Haushalte verfügen über 99 Prozent allen Nettogeldvermögens. Das ergibt die berühmte 99:1 Relation oder anders gesagt: „Die eine Hälfte der Bevölkerung besitzt, wiederum sehr ungleich verteilt, das gesamte Vermögen, die andere Hälfte der Bevölkerung ist besitzlos oder hat nur Schulden." Ein weltweiter und nationaler Skandal ohnegleichen, der keine Regierung in diesem Lande je interessiert hat.

Ich habe an dieser Stelle seit 1998 in zahllosen Kolumnen die Reichtumsfrage wieder und wieder thematisiert und bis heute eine lückenlose Chronologie der Geschichte der Reichtumstabuisierung vorgelegt. Im Jahre 1997 veröffentlichten die Kirchen ihr inzwischen völlig vergessenes gemeinsames Sozialwort, in dem zum ersten Male die Reichtumsfrage mit deutlichen Worten enttabuisiert wurde:

„Verlässliche Daten über die Vermögensverteilung und -entwicklung in Deutschland liegen in ausreichendem Umfang nicht vor. ... Es bedarf deshalb nicht nur eines regelmäßigen Armutsberichts, sondern darüber hinaus auch eines regelmäßigen Reichtumsberichts. ... Nicht nur Armut, sondern auch Reichtum muss ein Thema der politischen Debatte sein. Umverteilung ist gegenwärtig häufig die Umverteilung des Mangels, weil der Überfluss auf der anderen Seite geschont wird ... Werden die Vermögen nicht in angemessener Weise zur Finanzierung gesamtstaatlicher Aufgaben herangezogen, wird die Sozialpflichtigkeit in einer wichtigen Beziehung eingeschränkt oder gar aufgehoben."

Die Armut in unserem Lande hat sich rasant vermehrt: *„Es müssen Mittel und Wege gefunden werden, den gesellschaftlichen Reichtum so einzusetzen, dass sie beseitigt werden kann."*
Tatsächlich haben seither alle Regierungen Reichtumsberichte anfertigen lassen (2001, 2005, 2008, 2013). Ein sinnloses Unterfangen, denn alle Reichtumsberichte waren lediglich Armutsberichte, *weil verlässliche Daten über Reichtum nicht vorliegen. Politisches Handeln ist ausgeblieben.*

Inzwischen haben sich die Ungleichheitsverhältnisse fortlaufend so verschärft, dass es keine Institution und keine Publikation gibt, die nicht Alarm schlägt. Die Weltbank: *„So können wir nicht weiterma-*

chen!" Oxfam: *„Das Ausmaß der globalen Ungleichheit ist einfach erschütternd."* Die OECD: Die eklatanten Lohn- und Vermögensunterschiede seien *„gemeingefährlich".* *„Der Kampf gegen Ungleichheit muss ins Zentrum der politischen Debatte rücken."* Wichtige und dringliche Maßnahmen werden von allen Seiten vorgeschlagen. Der aktuell weitgehendste Reformkatalog stammt von Kapitalismusanaytiker und -kritiker Thomas Piketty:

1. *Eine Vermögenssteuer, die bei einem Vermögen von 200.000 Euro mit einem Prozent jährlich beginnt, bei mehr als einer Million Euro auf zwei Prozent steigt und bei Milliardenvermögen auch bis zu 10 Prozent steigen kann.*

2. *Eine Einkommenssteuer von bis zu 80 Prozent für Spitzenverdiener. Zum besseren Verständnis verweist er darauf, dass der höchste Steuersatz in den ersten drei Jahrzehnten nach dem Zweiten Weltkrieg nie unter 70 Prozent gelegen hat.*

Es besteht nicht die geringste Aussicht, dass es in absehbarer Zeit zur Verringerung der Ungleichheit überhaupt eine Maßnahme gibt, die die Reichen betrifft. Die deutsche Plutokratenelite arbeitet unsichtbar, geräuschlos und sehr effektiv. Mittels eines gewaltigen Netzwerks von Lobbyisten, Banken und Politikern verfügt sie über ein Herrschafts- und Kontrollsystem neben und über dem parlamentarischen System. Mit anderen Worten: Sie macht die ihr passenden Gesetze selbst (Peter Meisenberg). Ein schönes Beispiel war unlängst im SPIEGEL zu lesen:

Der Plutokrat Curt Engelhorn (Pharma Boehringer, heute mit nur 6,2 Mrd. auf Platz 17 der Forbes Liste) hat vor einiger Zeit den beiden jüngsten Töchtern Geschenke gemacht: viel Geld, Villa auf den

Bermudas, eine halbe Karibikinsel, ein Gestüt in Oberbayern, eine Villa am Starnberger See. Aber offensichtlich wurde keine Schenkungssteuer gezahlt, weil Plutokraten ihre Gesetzte selbst machen. Nach schwierigen Ermittlungen wurde eine Steuerschuld von 440 Mio. bekannt. Danach soll es unlängst einen streng geheimen Deal gegeben haben über eine Zahlung von nur 145 Mio. So funktioniert die Plutokratie als Randgruppe an der Spitze, die nicht kontrollierbar geschweige denn integrierbar ist. Das ist schwerstes Integrationsproblem, dessen Lösung vieles leichter machen würde.

Wer daran rührt, wird mit dem sinnlosen Unwort des Jahrzehnts gesteinigt: Sozialneid. Das ist der Sinn seiner Erfindung.

Triple R: rassistisch – reaktionär – retro

Am 22. April fand auf dem Lindenplatz in unserer Stadt eine AfD Kundgebung mit ca. 100 (!) Teilnehmern statt. 1000 waren angekündigt. Über die Inhalte der gehaltenen Reden wusste die Lokalpresse nur zu berichten, dass Deutschland am Abgrund stehe durch die Schuld der Berufspolitiker, zu denen auch der Bürgermeister und der Landrat zählten, die nach der nächsten Wahl endlich auch wieder arbeiten gehen müssen wie das Volk.

Es gab gleichzeitig eine Gegendemonstration der Unnaer Antifa-United. Man wartete auf den Schweigemarsch der AfD durch die Stadt, der sehr lange auf sich warten ließ. Deshalb gingen die Gegendemonstranten dem Schweigemarsch schon einmal entgegen. Beim Aufeinandertreffen bildeten sie eine Sitzblockade und stoppten den Marsch der AfD. Die in großer Zahl erschienenen Polizisten waren so klug, in dieser Situation die Demonstration der AfD aufzulösen und zu beenden.

Zu einem Treffen auf dem Kirchplatz hatte der „Runde Tisch gegen Gewalt und Rassismus" eingeladen. Hunderte Menschen, die einen Querschnitt der Unnaer Gesellschaft darstellten, waren gekommen, nicht um eine Gegendemonstration mit verschärften Argumenten abzuhalten, sondern um die bunte „Alternative für Unna" abzubilden mit Grußworten, Gesprächen, Musik und anderen Formen der Kommunikation. Die erstmalige öffentliche Heimsuchung unserer Stadt durch die AfD war ein mächtiger Schlag ins Wasser.

Während ich diese Zeilen schreibe, läuft in Stuttgart der AfD-Parteitag zur Verabschiedung eines Grundsatzprogramms. Den 74-seitigen Programmentwurf, der dort zu Diskussion steht, habe ich mit einiger Überwindung ganz gelesen.

Dazu ein paar wenige Anmerkungen.

Die Partei beruft sich auf die *„deutsche Leitkultur"*, die sich aus drei Quellen speist: *„erstens der religiösen Überlieferung des Christentums, zweitens der wissenschaftlich-humanistischen Tradition, deren antike Wurzeln in Renaissance und Aufklärung erneuert wurden, und drittens dem römischen Recht, auf dem unser Rechtsstaat fußt. "* Auf diesem Fundament und *„ in der Tradition der beiden Revolutionen von 1848 und 1989 "* will die Partei die Verhältnisse in der Bundesrepublik von Grund auf verändern. Die Revolution von 1789, die die unaufgebbaren Grundwerte Freiheit, Gerechtigkeit und Solidarität aller demokratischen Parteien in Deutschland zuerst formulierte, und die Revolution von 1918, die zur ersten praktizierten demokratischen Verfassung in Deutschland führte, gehören nicht zur Erinnerungskultur der AfD. Und so sieht das Grundsatzprogramm dann auch aus. Es ist ein Programm für einen konterrevolutionären Weg in die Vergangenheit, der über den Kampf gegen die „politische Klasse" in Deutschland und deren „kleine machtvolle politische Führungsgruppe" ans Ziel kommt.

Die AfD wird das Land am Abgrund mit ihren Forderungen und Volksentscheiden retten und erneuern. Ein Teil der Forderungen stammt aus dem Arsenal der neoliberalen Konterrevolution, der das Programm in weiten Teilen verpflichtet ist: Kampf gegen staatliche Herrschaft und Einflussnahme. Also Deregulierungen an allen Ecken und Enden und wo immer nur möglich. Eher Vorsicht bei Privatisierungen, aber ungebremste Durchsetzung des Prinzips der „Subsidiarität" gegen staatliche Omnipotenz. Abschaffung (Vermögenssteuer,

Erbschaftssteuer) der Steuern. Von Armut und Reichtum, Gerechtigkeit und Solidarität ist keine Rede.

Wenn die Staatsmacht der *„politischen Klasse"* abgebaut ist, wird ein
neuer starker Staat durch die AfD installiert, um die Missstände und
Fehlentwicklungen der Politik der *„Blockparteien"* zu korrigieren. Es
geht um nichts weniger als den *„Fortbestand der Nation als kulturelle
Einheit"*. Hier treten dann zu den neoliberalen Maßnahmen zur Ent-
machtung des Staates und der Befreiung der Wirtschaft die ausländer-
feindlichen und rassebezogenen Maßnahmen zur Sicherung des Fort-
bestandes der deutschen Nation. Aus der neoliberalen Konterrevolution wird die totale Konterrevolution.

Das zentrale Beispiel: Für den Fortbestand der Nation ist die *„traditionelle Familie"* als *„Keimzelle der bürgerlichen Gesellschaft"* das
„Leitbild" der Politik. Sie muss primär gefördert und begünstigt werden. Der politische Weg der AfD führt in die Welt der Dreißiger Jahre.

Es entsteht folgendes Szenario:
Die traditionelle Familie der Zukunft lebt eher auf dem Lande als in
der Stadt. Sie besteht aus Vater, Mutter und 5 Kindern. Die Frau ist
„Vollzeitmutter" in der *„Mehrkinderfamilie"* und trägt das Mutter-
kreuz. Die Kinderbetreuung ist eher privat als staatlich organisiert.
Das Frauenbild der AfD gleicht dem Frauenbild Erdogans.
Mit staatlichen Darlehen kann ein angemessenes Wohneigentum geschaffen werden, *„deren Schuldsumme sich mit jedem neugeborenen
Kind vermindert."* Die Kinder besuchen keine „nivellierende Ein-
heitsschule", sondern ein Leistungsinstitut mit starken MINT-Fächern
ohne *„Frühsexualisierung"* und *„politische Indoktrination"*. In der
Garage des Hauses steht ein PKW oder SUV mit nach oben beliebi-
gem CO_2 Ausstoß, da CO_2 nicht schädlich ist, sondern im Gegenteil

das Wachstum der Pflanzen fördert und damit der Ernährung dient. Das Haus wird mit fossilen Brennstoffen geheizt. Weit und breit im Umkreis des Hauses und anderswo gibt es keine Windkraftanlagen mehr. Der Strom kommt aus den Kernkraftwerken. Die alten durften weiterlaufen und die neuen sind das Ergebnis neuerer Forschung. Die Energiewende wurde ein Opfer der Konterrevolution.

Die Geburtenrate hat sich drastisch erhöht. Das deutsche Volk wird wiederbelebt und ist wieder erstarkt, spricht deutsch und nicht englisch, geht in die Kirche und nicht in die Moschee, zahlt mit Reichsmark und nicht mit Euro, gerne auch in bar.

Es hat sich die natürliche Erkenntnis des bayerischen Bauern durchgesetzt, der einst dem ARD Reporter zu verstehen gab: *„Der Neger passt nicht nach Bayern"*. Diese Aussage wurde sogleich vom Innenminister seiner Partei begrenzt mit dem mildernden Umstand: *„Aber Roberto Blanco ist doch ein guter Neger."* Alles wird gut!

Pokémon go

Ab und zu spreche ich mit meinem Freund Gilga Otzew über die guten schlechten alten Zeiten. Zuletzt Anfang August zu Zeiten der Hiroshima/Nagasaki Tage wie in jedem Jahr. In diesem Jahr kam das Gerücht hinzu, dass der unberechenbare republikanische Präsidentschaftskandidat in den USA seinen außenpolitischen Berater gefragt haben soll, warum die USA ihre Atomwaffen nicht einsetzten: "Wenn wir sie haben, warum können wir sie nicht benutzen?"

Eine Generation nach dem Ende des kalten Krieges ist die Zeitenwende eingetreten. Trotz der Reden Obamas in Prag, Kairo und Berlin planen alle Atomwaffenstaaten die Modernisierung ihrer Atomwaffenarsenale. Das Netzwerk Friedenskooperative berichtet darüber und dient mir als Quelle. *„Über 20.000 Atomsprengköpfe lagern auf der Erde. 1.000 Milliarden Dollar wollen die USA in den nächsten Jahrzehnten für neue Atomwaffen ausgeben. Deutschland ist mit von der Partie. Auf dem Fliegerhorst Büchel (Eifel) lagern immer noch ca 20 US-Atomwaffen. In den kommenden Jahren (ab 2017) ist geplant, diese durch weiter entwickelte und zielgenauere Typen zu ersetzen, wobei die Hemmschwelle für einen Atomwaffeneinsatz sinkt. Dies ist eine klare nukleare Aufrüstung.*

Mein Freund G. O. und ich haben uns da gerne an die Jahre 1979 bis 1983 erinnert, als nach dem NATO-Doppelbeschluss vom 12. Dezember 1979, neue Raketen und Marschflugkörper mit Atomsprengköpfen in Europa aufzustellen bei gleichzeitigen bilateralen Rüstungsbegrenzungsverhandlungen, die Bevölkerung Westeuropas aufstand, um die neue atomare Aufrüstung zu verhindern. Auf dem Hamburger Ev.

Kirchentag von 1981 entstand der Plan unabhängiger Friedensgruppen für eine zentrale deutsche Demonstration gegen Massenvernichtungsmittel, veranstaltet von der Aktion Sühnezeichen/Friedensdienste und der Aktionsgemeinschaft Dienst für den Frieden. Unsere damals gerade neu gegründete Solidarische Kirche Westfalen hat dabei kräftig mitgewirkt.

Es war ein unvergessliches und ermutigendes Erlebnis, als am 10. Oktober 1981 im Bonner Hofgarten und rundherum 350.000 Menschen zusammen kamen, um gegen die atomare Aufrüstung zu demonstrieren (am 21. November dann in Amsterdam 400.000). Nicht im Traum hätten die Veranstalter an diesen Erfolg denken können. Die SOKI Westfalen hat danach viele Jahre lang in Wort und Tat ihre Kraft darauf verwendet, die Massenvernichtungswaffen zu ächten und für ihre Abschaffung einzutreten.

Ich habe am 29. Januar 1982 die „Villigster Erklärung" verfasst, die von der Solidarischen Kirche und vielen anderen übernommen wurde. (Kernsatz: *Wir sagen bedingungslos Nein zur Entwicklung, Herstellung und Bereithaltung von Massenvernichtungsmitteln... Wir verstehen diese radikale Absage als einen Akt des Glaubensgehorsams und der Vernunft*). Ich erinnere mich gerne an einen Brief von Helmut Gollwitzer, der damals zusätzliche Exemplare anforderte und dazu schrieb, die „Villigster Erklärung" (V.E.) sei die beste von den vielen, die er in diesen Jahren gelesen habe.

Am 10. Juni 1982 folgte anlässlich des Reagan-Besuches die nächste Großdemonstration mit 500.000 Menschen in den Bonner Rheinauen. Der Höhepunkt der „Friedensbewegung" war die bundesweite Aktionswoche vom 15. bis 22. Oktober 1983, die am letzten Tag mit der nationalen „Volksversammlung für den Frieden" endete mit Massenkundgebungen in Bonn, Hamburg, Stuttgart und Berlin (West) mit 1,3 Millionen Menschen, davon wiederum mehr als 500.000 in Bonn. Die Forderung der Volksversammlung wurde vom Deutschen Bundestag missachtet. Eine Mehrheit der Abgeordneten stimmte am 22. November 1983 der Aufstellung der neuen Atomwaffen zu, obwohl nicht nur die Volksversammlung, sondern mehr als zwei Drittel der Bevölkerung der Bundesrepublik sie ablehnten. Dennoch war die Bewegung nicht gescheitert. Ihre Argumentationen führten zu einer heftigen Diskussion über die atomare Abschreckungsstrategie und leiteten deren Ende ein. Bald sollte Gorbatschow folgen, dessen Weg kaum beschritten worden wäre, ohne die Erscheinung des Volkswillens auf der Straße in Deutschland und vielen anderen Ländern Westeuropas und auch in den USA.

Die jetzt geplante erneute atomare Aufrüstung erfolgt unbeachtet von der Öffentlichkeit, wird aber unaufhaltsam „befeuert" von den neuen strategischen Szenarien des Westens. Der kalte Krieg hat wieder begonnen. Nach dem Scheitern des Konzepts der Bundeswehreinsätze in fremden Welten und Kulturen von Kundus (entgegen der Warnungen des weisen Peter Scholl-Latour) bis zum Kosovo (entgegen der Argumente von Josef Fischer), wird nun die Freiheit nicht mehr am Hindukusch verteidigt, sondern in Lettland und Polen, also ein Stück weiter im Osten als früher, aber nach alten Feindbildern und mit einer führenden Rolle der Frauen.

Die Renaissance der Abschreckungsstrategie beinhaltet einen erneuten Doppelbeschlusses, wie er von unserer engelsgleichen, klugen, kalten Kriegsgöttin und ihrer Froschkönigin ansprechend formuliert wird, beides tut not: Abschreckung und Dialog, tödlich und menschenfreundlich. Die Aufrüstung gen Osten im Kontext der Weltbedrohungen führt auch zugleich zu neuen Aufgaben der Bundeswehr im Inneren und der Einbindung der Zivilbevölkerung mit Kühlschrankauffüllungen, Wasserkanistern und Kerzen im Rahmen eines neuen Zivilschutzgesetzes auch für den Fall des Einsatzes von Massenvernichtungsmitteln.

Zu alledem schweigen die Menschen hierzulande und überall. Es gibt kein Gespür für den ewigen Wahnsinn, mit mehr und neuen Waffen, Konflikte lösen zu wollen und Gefahren zu bannen. Die Bevölkerung geht ruhig ihrer Arbeit und ihren Spielen nach. Nur die jüngere Generation geht zur Zeit millionenfach auf die Straße. Nicht etwa um „Volksversammlungen für den Frieden" zu besuchen, sondern um „Pokémon go" zu spielen mit gesenktem Kopf.

Arbeit evangelisch

Der Rat der Evangelischen Kirche in Deutschland (EKD) veröffentlicht Denkschriften zur sozialen Frage, die er von der Kammer für Soziale Ordnung erstellen lässt, wann immer die Zeit gekommen ist. Das ist ein bewährtes Verfahren zur Formulierung evangelischer Positionen. Im Sommer 2008 erschien die Denkschrift der Sozialkammer der EKD mit dem Titel „Unternehmerisches Handeln in evangelischer Perspektive". Es handelte sich dabei um eine Art Hagiographie zum Lobpreis des deutschen Unternehmertums, in großer Einseitigkeit jenseits der Realität verfasst zur Verbesserung des Verhältnisses zwischen EKD und Wirtschaft.[1]
Natürlich taucht dann sofort die Frage nach der Ausgewogenheit auf. Wo bleibt die Welt der abhängig Beschäftigten, die Würdigung der Arbeiterschaft und ihrer Gewerkschaften?
Sieben Jahre später war es dann soweit. Im April 2015 veröffentlichte der Rat die entsprechende Denkschrift seiner Sozialkammer: „Solidarität und Selbstbestimmung im Wandel der Arbeitswelt" (eine Denkschrift zu Arbeit, Sozialpartnerschaften und Gewerkschaften). Es gab keinen Sturm der Entrüstung oder der Begeisterung. Alle konnten gut damit leben, ohne belebt zu werden. Darum habe ich die Schrift erst spät gelesen. Es begegnet mir ein großer raumgreifender epischer Monolog, ein umfassender Überblick über alle erdenklichen Bereiche der Arbeitswelt, verfasst mit umfassenden Kenntnissen und großem Sachverstand in gediegener Sprache und differenzierenden Argumen-

---

[1] In meiner Kolumne AMOS 2-2009 habe ich mich kritisch mit damit befasst.

tationen. Alle Bereiche werden kurz dargestellt, Entwicklungen beschrieben, Gelungenes gewürdigt, Probleme und Konflikte benannt. Es fehlt jede spirituelle Kompetenz und sozialethische Leidenschaft. Reformvorschläge werden angedeutet, aber nicht unterbreitet. Vieles wird gehandhabt wie gehabt. Beispiele: Mitbestimmung wird veranschlagt auf den drei Ebenen Unternehmen, Betrieb, Arbeitsplatz. Die in Deutschland fehlende Mitbestimmung am Arbeitsplatz wird dann aber eben nicht eingefordert. Die skandalöse Einkommensspreizung wird kurz beschrieben und belegt. Der Umgang damit wird nach dem Muster früherer Denkschriften vollzogen: Die einen nehmen Anstoß an der zunehmenden sozialen Ungleichheit und fordern eine Schließung der Gerechtigkeitslücke, die anderen verweisen auf die gelingenden Ausgleichsmaßnahmen und die Reallohnsteigerungen in der letzten Zeit. Dabei bleibt es dann wie häufig in der Denkschriftenlogik. Eine Option für die Armen gib es nicht, es sei denn „als eine Option für die gesamte Gesellschaft" (S. 134).

Den Gewerkschaften wird eine besondere und im Bereich von Kirche und Diakonie (KuD) nie gehörte Würdigung zuteil. Durch die gewerkschaftliche Flexibilität und Kompromissbereitschaft hat sich die Sozialpartnerschaft auch in den schwierigen Zeiten gut bewährt. Während um uns her und auch mitten unter uns im Strudel der neoliberalen Konterrevolution der Begriff der Sozialpartnerschaft nahezu untergegangen ist durch die Schwächung der Gewerkschaften, erhebt die Denkschrift ihn nachdrücklich auf den Thron und spricht von der besonderen „Kultur der Sozialpartnerschaft", die es zu pflegen gälte. Interessant ist nun die Frage nach der Sozialpartnerschaft in der Kirche als Arbeitswelt. Es ist zunächst als Fortschritt anzusehen, dass KuD in der Denkschrift überhaupt als Arbeitswelt von 100.000en Mitarbeiterinnen in den Blick genommen und thematisiert werden und damit besonders das Verhältnis von KuD und Gewerkschaften als

Sozialpartner im Streit um Tarifverträge und Streikrecht im Verlauf der letzten Jahre.

Für die Denkschrift ist die kirchliche Arbeitswelt aus Vereinen und Stiftungen hervorgegangen, in denen die Arbeitsbedingungen gemeinschaftlich geregelt wurden und Konflikte natürlich ohne Streik ausgetragen wurden. Gewerkschaftliche Forderungen nach allgemeinen Tarifverträgen beantworteten die KuD-Konzerne bis heute mit dem sogenannten Dritten Weg (interne Kommissionsabsprachen zum kollektiven Arbeitsrecht ohne Tarifverträge und Streik) unter Berufung auf das Kirchenprivileg (Art. 140) im Grundgesetz. Der Streit ist bekanntlich in den letzten Jahren vor den Gerichten ausgetragen worden. Die Denkschrift schreibt dazu: *„Ver.di versucht zur Konfliktlösung ein Streikrecht in Diakonie und Kirche mittels Gerichtsverfahren gegenüber der Konfliktregelung im Dritten Weg durchzusetzen."*

Dieser Satz ist die reine Unwahrheit. Wahr ist, es sind KuD, die seit dem Jahre 2010 in allen Instanzen vor den Arbeitsgerichten gegen die Gewerkschaft klagen, um ein Streikverbot in KuD gerichtlich durchzusetzen. Dieser Versuch ist kläglich und endgültig gescheitert, weil die gegen die Gewerkschaft und ihr Streikrecht gerichtete Klage vor dem Bundesarbeitsgericht im Jahre 2012 „in vollem Umfang abgewiesen worden" ist (Feststellung des Bundesverfassungsgerichts September 2015).[2]

Nach ihren schweren Niederlagen haben KuD mit einem neuen Arbeitsrechtsregelungsgrundsätzegesetz (sic!) versucht, ihr Streikverbot dennoch durchzusetzen, indem sie einerseits ihr Gesetz zum Drit-

[2] Zu Ursprung und Verlauf dieses Konflikts habe ich inzwischen 9 (!) AMOS Kolumnen verfasst.

ten Weg stärker für die Mitwirkung der Gewerkschaften öffnen oder andrerseits einen kirchengemäßen Tarifvertrag mit Zwangsschlichtung und Streikverbot anbieten.

Statt nach den Niederlagen vor Gericht nun mit den Gewerkschaften auf Augenhöhe in verantwortlicher Sozialpartnerschaft in Verhandlungen über Lösungen einzutreten, machen die Kirchen den Gewerkschaften mit dem neuen Gesetz nun ein völlig inakzeptables „Unterwerfungsangebot". So geht Sozialpartnerschaft nicht.

Die neue Hochschätzung der „Kultur der Sozialpartnerschaft" in der Denkschrift liefert KuD nun doch einige Argumente, neue Einsichten zu gewinnen und ihre dogmatische Position aufzugeben. Zur Sozialpartnerschaft gehört für die Gewerkschaften wesentlich das Streikrecht nach Art. 9 GG. Hier sollten KuD genau auf die Worte der Denkschrift hören:

„Der Streik ist kein Selbstzweck. Er dient der Erzwingung einer Einigung, die sonst blockiert wäre. Insofern manifestiert sich im Streikrecht die Zivilisierung des Konflikts zwischen Arbeit und Kapital (hier sagen wir unter uns: zwischen kirchlichen Arbeitnehmerinnen und Arbeitgebern W.B.). **Sozialethisch ist das Streikrecht deswegen von hoher Dignität, da es die strukturell Schwächeren im Konflikt schützt.** *"*

Hier sollten KuD noch einmal von vorne beginnen und sich durch theologisches Nachdenken die in der Denkschrift formulierte Sozialethik der Streikrechts zu eigen machen und endlich den Weg frei machen für einen, wie ich sage, Tarifvertrag GPS (Gesundheit, Pflege und Soziales). Das ist auch die Zielvorstellung der Denkschrift: „Ein allgemein verbindlich geltender Flächentarifvertrag Soziale Dienste ist eine … wichtige Option." Damit sind KuD noch einmal gefordert.

Trumperium

Zu Beginn eines jeden Jahres zur Zeit des jährlichen Weltwirtschaftsforum in Davos veröffentlicht die Nothilfe- und Entwicklungsorganisation Oxfam einen Bericht mit den neuesten spektakulären Zahlen über den Skandal der sich immer radikaler verschärfenden sozialen Ungleichheit unter den Menschen auf dieser Welt. Diesmal trägt der Bericht die Überschrift: *„An Economy for the 99 Percent"*. Das soll heißen, dass das reichste Prozent der Weltbevölkerung 50,8 Prozent des weltweiten Vermögens besitzt - und damit mehr als die restlichen 99 Prozent zusammen. Oder anders gerechnet: Die 8 reichsten Männer der Welt besaßen im Jahr 2016 zusammen genommen 426 Mrd. US-Dollar und damit mehr als die gesamte ärmere Hälfte der Weltbevölkerung (3,6 Mrd. Menschen mit insgesamt 409 Mrd. US-Dollar). Diese Informationen sollen aufrütteln und Empörung über das unglaubliche Drama der Verteilungsungerechtigkeit überall und hierzulande auslösen. Am Tag nach der Veröffentlichung des Berichts erscheint in allen Medien der Welt die äußerst plakative Headline: *8 Milliardäre …* Nach den Tagesthemen am späten Abend bleibt dann das Problem wieder unerwähnt und unbehandelt bis zur Oxfam Schlagzeile im nächsten Januar. So hat auch das Weltwirtschaftsforum der Mächtigen in Wirtschaft und Politik den Skandal der sozialen Ungleichheit wieder nicht zur Kenntnis genommen.

Zugleich ist der Januar 2017 der Zeitpunkt, da der verhängnisvolle Weg der sozialen Ungleichheit noch einmal forciert und beschleunigt wird. Am 20. Januar hat das **Trumperium** sich konstituiert und Fahrt zur Vertiefung der Ungleichheit aufgenommen. Mit der Wahl des **Trumperium**s hat das amerikanische Volk sich selbst erniedrigt und der Welt ein abschreckendes Beispiel gegeben. Seit den Tagen seiner Nominierung wird der **Trumphator**, **Dekretator** und **Protektorator** in der medialen Öffentlichkeit nahezu ununterbrochen mit psychiatrischen Ferndiagnosen bewertet (häufig: narzisstischer Egomane) und mit zahlreichen Attributen übler Charaktereigenschaften belegt (zusammengefasst von W. v. Lojewski: Kotzbrocken = jemand, den man als äußerst abstoßend und widerwärtig empfindet, so der Duden). Neben den Gefahren, die eine unberechenbare Führungspersönlichkeit in dieser Position für ihr Land und die Welt darstellt, will ich darauf aufmerksam machen, dass mit dem **Trumperium** die neoliberale Konterrevolution ihren finalen Sieg errungen hat.

Der Neoliberalismus regiert in dieser verheerenden Ausprägung nicht mehr indirekt über Lobbymacht und Beratereinfluss (wie z.B. in der EU und auf der halben Welt), sondern die neoliberale Wirtschaft hat sich nun in Gestalt des **Trumphator**s direkt auf den Thron gesetzt und kann unvermittelt und ohne Umwege zuschlagen. Zum ersten Mal ist kein Politiker, sondern ein Wirtschaftsmanager Präsident des mächtigsten Landes der Welt. Nun ist der Trumphator kein leuchtendes Beispiel seiner Gattung, sonder lediglich ein gewiefter mit allen Wassern gewaschener Immobilienmogul. Aber er hat gottseidank zahlreiche Kabinetts- und Beraterposten mit Unternehmern und Bankern besetzt. Selbst sein vielseitiger Chefideologe Stephen Bannon war schon bei Goldman Sachs. Vier herausragende Beispiele: Außenminister Rex Tillerson ist Präsident des Mineralölkonzerns Exxon Mobil, Wirtschaftsminister Wilbur Ross hat sein Vermögen bei der Investmentbank Rothschild gemacht, Finanzminister Stevin Mnuchin kommt von Goldman Sachs und Gary Cohn, neuer Direktor des Nationalen Wirtschaftsrates, war bislang Präsident von Goldman Sachs. Es ist das reichste Kabinett aller Zeiten und noch dazu das mit dem höchsten IQ, wie der Trumphator selbst errechnet hat.

Da kann Bernie Sanders nur noch traurig fragen: *„Wollt ihr, dass Milliardäre und Wall-Street-Leute die Wirtschaft führen, oder wollen wir eine Wirtschaftspolitik, die arbeitende Familien und die Mittelklasse unterstützt?"* Das bleibt eine offene Frage.

Klar dagegen ist wie das Trumperium als Wall-Street-Kabinett angesichts des Sieges vorgeht. Es geht mit klassischen Schritten zurück in die Zukunft.

1. Das Trumperium macht sich sofort daran, die ersten Schritte der Obama Administration jenseits des neoliberalen Königswegs wieder zu eliminieren. Noch am Tage seiner Amtseinführung hat der Dekretator sein erstes Dekret unterzeichnet, mit dem er die Rücknahme der Gesundheitsreform einleitet. Nach neoliberaler Lehre: Sozialstaat abbauen und Ansätze seiner Entwicklung zurücknehmen zur **Kostenreduzierung**. Für solche Maßnahmen führt der Dekretator ein neues Ritual ein: Er sitzt im Oval Office vor der Fernsehkamera umgeben von seinen Claqueuren und malt mit großen Gesten seine Buchstaben auf weißes Papier und hält den Ordner dann mit großen Worten in die Kamera.

2. Es folgt Dekret auf Dekret: Am 27. Januar zelebriert der Dekretator das „Dekret zur Entfesselung der Finanzbranche". Es betrifft zunächst den „Dodd-Frank-Act", den Obama 2009 kurz nach der großen Krise zur Regulierung der Banken erlassen hatte, um durch Beschränkung der Banken künftig große Bankenkrisen zu verhindern. Das Dekret ist nach neoliberaler Lehre ein weiteres Kernstück: Rückzug des Staates durch **Deregulierung** aller Märkte.

3. Nun droht die nächste Verheißung neoliberaler Basics. Mit den Worten des Dekretators: *„Wir werden etwas ankündigen, ich*

würde sagen in den nächsten zwei oder drei Wochen, das in Sachen Steuern phänomenal sein wird. " Es gehörte zu den Wahlversprechen, die Unternehmenssteuern von 30 auf 15 Prozent zu senken. Ein weiteres Kernstück nach neoliberaler Lehre: die Reichen und ihre Besitztümer müssen befreit werden von Steuern und Abgaben.

Das Trumperium schlägt zurück, aber niemand weiß, ob der Endsieg der neoliberalen Konterrevolution sich am Ende nicht als Pyrrhussieg erweisen wird. Ein Siegeszug ohne Friedensabsicht, eine Anhäufung von neoliberalen Kernelementen in Verbindung mit weiteren menschenfeindlichen Dekreten sowie die unverhohlen zur Schau gestellte Maßlosigkeit unterminieren das Trumperium und drohen es in Zukunft zusammenbrechen zu lassen. Auch die irrationale Verbindung von härtestem Neoliberalismus und unerbittlichem Protektionismus deutet daraufhin, dass das Trumperium auf Sand gebaut ist.

„Die Farbenbrechung der Gleichheit"

Das Jahr 2017 ist das Jahr des 500. Jahrestages von Luthers Thesenanschlag an der Schlosskirche in Wittenberg und damit das große Reformationsjubiläumsjahr, wie wir alle wissen und täglich hören. Zugleich ist 2017 das Jahr, in dem sich das Erscheinen des Buches „Der Produktionsprozess des Kapitals" (Das Kapital I) von Karl Marx zum 150. Male jährt. Auch davon ist gelegentlich zu hören und zu lesen. Gerade erscheinen aus diesem Anlass zahlreiche Bücher und andere Publikationen meist mit der Tendenz „Marx kommt", z.B. von Elmar Altvater „Marx neu entdecken" über Jari Banas „Das Kapital als Comic" usw. bis hin zu Ulrich Duchrow, der den Vogel abschießt mit der Ankündigung seines Buches: „mit Luther, Marx & Papst den Kapitalismus überwinden". Von einer Marxrenaissance allerdings sollte nicht die Rede sein. Es geht zunächst nur um eine neue Lektüre. Dann kann es nur weitergehen, wenn das großartig-dialektische Diktum von DDR-Dramatiker Heiner Müller hinreichend bedacht wird: *„In der Sowjetunion und in der DDR wurde der großangelegte Versuch unternommen, Marx zu widerlegen. Der Versuch ist gescheitert."*
Im kleinen Kosmos meiner Weltanschauung habe ich mir, was Marx angeht, eine eigene spezielle Hermeneutik zurechtgelegt.

Ich unterscheide zwischen **Marxisten**, **Marxologen** und **Marxianern**.

Die **Marxisten** bilden die Glaubens- und Wissensgemeinschaft im engeren Sinne auf der Grundlage des Kapitals, des Dialektischen und des Historischen Materialismus. Sie wollen oder wollten die Welt erklären und verändern.

Die **Marxologen** sind die Marxkenner und -kennerinnen, die das einmalige Werk mit Ernst, Respekt, Klugheit und Fairness in Würdigung und Kritik in seiner Tiefe studiert und begriffen haben, um es gegen dogmatische Marxisten und versteinerte Anti-Kommunisten zu bewahren.

Die **Marxianer** sind Perlentaucher, Schatzsucher und Juwelensammler. Marx´ Werk ist ein sperriges Vermächtnis, schwer zu lesen und zu verstehen. Des Autors Sprachmacht und Formulierungskunst, seine intellektuelle Brillanz und sein originelles Darstellungsvermögen führen aber immer wieder einmal zu relativ kurzen, bildhaltigen, fast aphoristischen Sätzen, die sich auch aus dem Zusammenhang lösen können, sich selbstständig machen und demnach auch den berühren und faszinieren können, der dem Ganzen des Werkes nicht gewachsen ist. Alle kennen solche Zitate. Mit den Marxianern habe ich eine virtuelle Gruppe gebildet, der ich mich zugehörig fühle und bin auf diesem Wege häufig angeregt und bereichert worden, wenn ich auf Juwelen stieß oder Perlen fand. Manche Sätze oder Gedankenfolgen haben mich über viele Jahrzehnte begleitet.
In den letzten Jahren war es vor allem ein Zitat, das immer bei mir geblieben ist und mich begleitet bei den traurigen Blicken auf den grauen Staub der Wirklichkeit:

Die Welt der geschiedenen Menschheit (steht) im Gegensatz zur Welt der sich unterscheidenden Menschheit, deren Ungleichheit nichts anderes ist als die Farbenbrechung der Gleichheit.[1]

---

[1] Das Zitat findet sich an entlegener Stelle in den „Debatten über das Holzdiebstahlsgesetz" in der Rheinischen Zeitung vom 25. Oktober 1842 (MEW Bd. 1 1976 S. 115)

Wie wir wissen ist die dramatische Verschärfung der sozialen Ungleichheit weltweit und hierzulande eines der brennendsten Probleme der Gegenwart als die übelste Folge der neoliberalen Konterrevolution. Da ist das Marx-Zitat wie ein Geschenk, sagt der Marxianer.

Ein einziger Satz enthält eine erhellende Gesellschaftsanalyse und eine sonnenklare menschenfreundliche Vision für politisches Handeln. Beides fehlt hier und heute seit Langem.

Analyse:

Es gibt zwei Arten der Ungleichheit:

1. Ungleichheit kann vom Übel sein: Die „geschiedene Menschheit" zeigt eine Gesellschaft, in der die Mitglieder „verschubladet" sind d.h. die Gesellschaft ist gespalten, sie ist „zersägt, zerkeilt, gewaltsam auseinandergerissen". Alle Glieder sind ihrer Würde beraubt und damit entmenschlicht.

2. Ungleichheit kann das Glück bedeuten. Die „sich unterscheidende Menschheit" meint das Gegenteil. Unterscheidung heißt nicht Spaltung, Zerrissenheit oder Zerstörung, sondern „Farbenbrechung der Gleichheit". Die sich unterscheidende Menschheit erzeugt eine Ungleichheit, die auf den unterschiedlichen Fähigkeiten der Menschen beruht und diese zur Entfaltung kommen lässt.

Vision:

Die „Farbenbrechung der Gleichheit" ist somit das Ziel aller gesellschaftlichen Bewegung durch politisches Handeln:

Alle bestehende Ungleichheit muss erscheinen als Einheit in der Vielfalt, einer Vielfalt, in der alles als Licht von einem Licht ist und jede ein Farbteil des einen Spektrums. Alle sind erkennbar als *„edle, frei ineinander überfließende Glieder des großen Heiligen, des heiligen Humanums."* Eine Gesellschaft als „Farbenbrechung der Gleichheit" ist eine leuchtende und wärmende Vision, die allen gut tut.

In der politischen Praxis kommt es darauf an, die beiden Formen der Ungleichheit voneinander unterscheiden zu lernen, um die eine zu vermindern und die andere zu fördern und zu vermehren. Dieser visionären Programmatik fühlt sich in der gegenwärtigen Realität keine politische Gruppierung verpflichtet und also gibt es keine öffentliche Rede darüber.

Es sollte eine Bewegung geben mit der Bezeichnung FDG (Farbenbrechung der Gleichheit) sie wäre das Gegenstück zur FDP, die bekanntlich durch ihren Vorsitzenden die schlechte Ungleichheit der geschiedenen Menschheit zum Sauerteig der Sozialen Marktwirtschaft hat erklären lassen. Das Symbol der FDG ist die Regenbogenflagge mit der Peace-Aufschrift. Sie flattert in unserer Hauseinfahrt.

Gini-Pakt für Deutschland

Wenn diese Kolumne erscheint, ist die Bundestagswahl vorbei. Wenn Gabriel sich durchsetzt, gibt es keine Fortsetzung der großen Koalition. Wahrscheinlich gibt es eine Schleswig-Holstein-Jamaika-Koalition mit Lindner als Vizekanzler, Außen- und Wirtschaftsminister. Die Politik der sozialen Ungleichheit wird nicht nur fortgesetzt, sondern schleichend vertieft.

Im Vor- und Hauptwahlkampf gab es zwei ganz gute Vorlagen, die beide leider sofort ins Aus gingen. Am 17. April 2017 erschien der 5. Armuts- und Reichtumsbericht der Bundesregierung, und der Aushilfskanzlerkandidat der SPD erklärte alsbald nach seiner Nominierung, dass das Thema „Soziale Gerechtigkeit" der Schwerpunkt seines politischen Programms sein werde.

Soziale Gerechtigkeit meint Verteilungsgerechtigkeit. Um darüber sprechen zu können, bedarf es einer umfassenden Aufklärung darüber, wie es damit in Deutschland aussieht. Darum hatten die Kirchen in ihrem Sozialwort von 1997 die Forderung nach einem Reichtumsbericht erhoben und begründet. Schon der in der Folge 2001 erschienene 1. Reichtumsbericht machte das Dilemma deutlich: Die Macher des Berichts stellten bereits im Vorfeld fest, dass in Deutschland der Reichtum, also die obersten Einkommen und Vermögen, nicht in zuverlässiger Weise statistisch erfasst werden kann. So gibt es beispielsweise eine „Abschneidegrenze" bei 18.000 Euro. Sie besagt, dass wegen abnehmender Auskunftsbereitschaft (!) die Haushalte mit Einkommen jenseits dieser Grenze statistisch überhaupt nicht erfasst werden. Die deutschen Reichtumsstatistiken (EVS) werden ohne den

Reichtum angefertigt. Deshalb hat es auch über die 5 Reichtumsberichte seit 2001 keine größeren oder folgenschweren Diskussionen gegeben.

Fest steht, dass der private Reichtum hierzulande unaufhörlich wächst und seine Verteilung am Ende nur noch in irrationalen Statistiken abgebildet werden kann.

1998 betrug das Geldvermögen der privaten Haushalte 2.337 Mrd. Euro. Davon entfielen 43% auf die vermögendsten 10% der Haushalte und nur 4,5% auf die unteren 50% der Haushalte.

2016 beträgt das Geldvermögen der privaten Haushalte 5.676 Mrd. Euro. Das bedeutet eine Steigerung um 143% (!). Den oberen 10% der Haushalte gehören 60% der Summe und 2,5% entfallen auf die unteren 50% (Quelle Bundesbank). Eine schier unvorstellbares Ausmaß an Ungleichheit, das sich so in keinem vergleichbaren Land der Eurozone findet. Die pathologischen Ungleichverhältnisse sind ein starkes Indiz für eine kranke Gesellschaft. Darüber aber gibt es keine öffentliche Diskussion und darum auch keine Diagnose.

Forscher der Universität Basel (s. SPON) sind in einer repräsentativen Untersuchung diesen Fragen bei den Wählern*innen nachgegangen und haben in der Dunkelheit wichtige Lichter aufgesteckt. Die Bevölkerung wird in Quintile eingeteilt, denen dann in absteigender Linie die Anteile am Vermögen zugeordnet werden. Zunächst wird die reale Verteilung des Nettovermögens[1] nach der Statistik dargestellt, daneben wird die von den befragten Bürgern geschätzte Verteilung festgestellt und schließlich wird die von den Befragten gewünschte, also als gerecht empfundene Verteilung vorgestellt.

---

[1] Geldvermögen + Immobilienvermögen – Schulden der privaten Haushalte, Quelle Stat. Bundesamt

Danach habe ich folgende Graphik zusammen gestellt:

	Real	Geschätzt	Gewünscht
Reichstes Quintil	73,6 %	53,1 %	30,0 %
Zweitreichstes Quintil	21,4 %	20,8 %	22,3 %
Mittleres Quintil	6,0 %	13,1 %	18,7 %
Zweitärmstes Quintil	0,7 %	8,0 %	15,6 %
Ärmstes Quintil	-1,5 %	4,8 %	12,8 %

Jede Leserin wird mit dem gesunden Menschenverstand und großem Interesse an dieser Tabelle zahlreiche Beobachtungen machen und neue Erkenntnisse gewinnen können.

Die umfassendere Datengrundlage der Bundesbank zeigt eine noch krassere Verteilungsrealität als andere Statistiken. Die Wählerinnen und Wähler unterschätzen die reale soziale Ungleichheit in Deutschland drastisch. Sie haben keine Ahnung von Reichtum und Armut in ihrem Land. Sie können sich nur als Unwissende äußern und auch nur so wählen. Obwohl die geschätzte Verteilung eine wesentlich gleichmäßigere Verteilung annimmt als es der Realität entspricht, halten die Befragten einen deutlich weitergehenden Abbau der Ungleichheit für wünschenswert d.h. gerechter.

Die Befragung hantiert dann mit dem Gini-Koeefizienten[2] (GK), einer einzigen Maßzahl, die in einem Koordinatensystem zur Einkommensverteilung zwischen dem Punkt 0 (Gleichverteilung) und dem Punkt 1 (totale Ungleichverteilung, Einkommenskonzentration auf eine Per-

---

[2] Genaue Erklärungen z.B. im 1. Armuts- und Reichtumsbericht von 2002 S.21 oder bei Wikipedia

son) das Ausmaß der Ungleichheit in einer Gesellschaft festhalten kann. Angewandt auf die obige Graphik, ergibt sich: die reale Verteilung ergibt einen GK von 74% der totalen Ungleichheit, die geschätzte Verteilung ergibt einen GK von 44% und die gewünschte einen von 17%. Das ist ein sensationelles Ergebnis. Dramatischer lässt sich der Ruf nach mehr sozialer Gerechtigkeit nicht begründen. Dazu gibt es einen extrem starken Wunsch der Wählerschaft nach einem radikalen Abbau der Ungleichheit der Vermögen. Die Befragung hat auch ergeben, dass sich die Wählerschaft keiner Partei einem solchen Vorhaben entgegenstellen würde.

Mehr soziale Gerechtigkeit sollte das beherrschende Thema des Wahlkampfs der Sozialdemokraten werden. Dazu genügt es nicht, diese oder jene Forderung für einzelne Maßnahmen aufzustellen. Das hier gezeigte Ausmaß der Verteilungskatastrophe in einer kranken Gesellschaft nötigt zu einem umfassenden Reformprozess zur Verringerung oder gar Aufhebung der Differenz zwischen dem jetzigen Zustand GK 74 Prozent und dem Gerechtigkeitsempfinden der Bevölkerung GK 17 Prozent. Das wäre ja ein klarer und leichter Weg, wenn die Bevölkerung etwas zu sagen hätte, da Einigkeit in der Zielsetzung besteht. Nötig wäre jetzt die Entwicklung eines Konzepts, mit welchen Reformen dieser Weg in den nächste Jahren und Jahrzehnten beschritten werden kann: Das ist mein Vorschlag für einen **„Gini-Plan für Deutschland"**.

Der Kreis schließt sich. Im aktuellen Reichtumsbericht 2017 heißt es: *„Der Bericht ist ein Beitrag zur Umsetzung der ‚Agenda 2030 für nachhaltige Entwicklung' der Vereinten Nationen, die im September 2015 von 193 Staats- und Regierungschefs in New York angenommen wurde. Damit verpflichtet sich Deutschland, gemeinsam mit allen Unterzeichnerstaaten, zur Reduzierung von Ungleichheit und Armut in all ihren Dimensionen."*

Wieder und wieder: Freiheit durch Gerechtigkeit

Heute erinnere ich mich gerne an meine letzte Kolumne in AMOS 3-17 mit der Prognose, dass es nach der Bundestagswahl keine Große Koalition mehr geben werde, sondern eine Schleswig-Holstein-Koalition. Der Weg dahin wurde eingeschlagen bis letzte Nacht Lindner weggelaufen ist.

Die FDP wollte den visionären Entwurf für eine Tendenzwende und Modernisierung des Landes. Dazu waren, so heißt es nun, die Partner weder bereit noch in der Lage. „Modernisierung des Landes" meint im Verständnis der FDP allemal immer zunächst Verschärfung der neoliberalen Machtwirtschaft, Zurichtung der Bürger als neoliberale Untertanen und Soliwegfall. Gut, dass der Albtraum nicht in Erfüllung gegangen ist.

Ein anderes Modernisierungskonzept für das Land kam im Wahljahr von dem armen MS als Aushilfskandidaten der SPD. Aus dem Stand wollte er der Sozialen Gerechtigkeit zum Durchbruch verhelfen. Leider fehlten zur Entwicklung und Durchsetzung dieses Vorhabens alle Voraussetzungen.

1. Dazu hätte es zunächst einer gründlichen Darstellung und Interpretation der gesamtgesellschaftlichen Grundwerte: Freiheit, Gerechtigkeit und Solidarität (früher Freiheit, Gleichheit und Brüderlichkeit) und ihrer Interdependenz bedurft. Sie muss für alle Menschen verständlich und klar, nachvollziehbar und überzeugend, anregend und entscheidungsfördernd ausgeführt und zu einer lebendigen gesamtgesellschaftlichen Debatte ausgeweitet werden.

2. Das Ergebnis muss darauf hinauflaufen, dass über die Beschreibung des Verhältnisses von Freiheit und Sozialer Gerechtigkeit unübersehbar für alle Bürgerinnen erkennbar wird, worin die fundamentale Differenz zwischen konservativem und reformistischem Denken besteht, die momentan niemand der Bevölkerung schlüssig vor Augen führen kann:

A). Der Konservativismus verficht auf Biegen und Brechen den Satz: Die soziale Gerechtigkeit ist die Feindin der Freiheit. Soziale Gerechtigkeit ist Gleichmacherei und zerstört die Freiheit des Individuums. Ungleichheit ist die Hefe der Marktwirtschaft. Dieser Satz ist falsch und unterbindet jede Maßnahme zur Verringerung soziale Ungleichheit.

B). Der Reformismus vertritt grundsätzlich den Satz: Die soziale Gerechtigkeit ist die Freundin der Freiheit aller. Sie ist die grundlegende Bedingung der Möglichkeit der Freiheit aller. Dieser Satz ruft auf zum Freiheitskampf durch Verminderung der sozialen Ungleichheit, die Freiheitsberaubung durch Armut impliziert.

Zwischen beiden Positionen verläuft dann auch die Trennungslinie zwischen den Parteien ohne dass die Öffentlichkeit davon Kenntnis nimmt, weil alle Parteien soziale Gerechtigkeit versprechen. Eine Harmonisierung von A) und B) ist nicht möglich. Man kann sich nur zwischen beiden entscheiden. Aus gutem Grund kam darum wohl in den Sondierungsgesprächen Soziale Gerechtigkeit nicht zur Sprache. Heute sind die Erkenntnisprobleme noch dadurch vergrößert, dass der Neoliberalismus programmatisch soziale Gerechtigkeit nicht kennt, aber radikale Marktergebnisse als sozial gerecht verkauft. Wir praktizieren Neoliberalismus und behaupten Soziale Gerechtigkeit. Parteien, die das Eine tun und das Andere wollen, verhaspeln sich bei diesem Thema auf die absurdeste Weise:

Erstes intellektuelles Opfer der Konfusion wurde die CDU. Zwei Jahre nach dem Amtsantritt der Bundeskanzlerin verabschiedete der Bundesparteitag der CDU am 02. Dezember 2006 in Hannover ein neues Grundsatzprogramm mit dem Titel „Neue Gerechtigkeit durch mehr Freiheit". Mehr Unsinn geht nicht. Solche Hirngespinste können nur in neoliberalen Köpfen entstehen. Die gewünschte neoliberale Markt- und Staatsfreiheit erzeugt zunehmend soziale Ungleichheit, die das Gegenteil von sozialer Gerechtigkeit darstellt. Um diesen Widerspruch zu kaschieren wird die soziale Ungleichheit als neue Gerechtigkeit bezeichnet.

Ein persönliches intellektuelles Opfer der Konfusion wurde Katrin Göring-Eckardt, die in einem Interview mit der SZ am 07. Januar 2003 verkündete: „Es geht nicht mehr wie in den letzten Jahrzehnten, dass der Staat versucht, Gleichheit herzustellen. Er muss Gerechtigkeit ermöglichen." Dieser Satz ist ausschließlich auf Dummheit zurückzuführen, denn er zeugt von grenzenloser sozialhistorischer und praktisch-philosophischer Unwissenheit.

Das dritte intellektuelle Opfer darf nicht fehlen und bringt das Fass gänzlich zum Überlaufen. Mir ist vor Jahren ein Wahlplakat der FDP zu Gesicht gekommen mit einem Bild des Spitzenkandidaten und der tödlichen Lüge: „Gerechtigkeit statt Umverteilung". Ich hoffe nur, dass es sich hier um eine Satire handelt, die allerdings die Wirklichkeit bis zur Wahrheit entstellt.

Es gibt auch Ausnahmen an die der arme MS hätte anknüpfen müssen. Noch im letzten Parteiprogramm der SPD vom 28. Oktober 2007 wird die Position B) vorbildlich dargestellt.

„Der Sozialdemokratie ging es in ihrer Geschichte immer darum, neben den rechtlichen auch die materiellen Voraussetzungen der Freiheit, neben der Gleichheit des Rechts auch die Gleichheit der Teilhabe und der Lebenschancen, also soziale Gerechtigkeit, zu erkämpfen. "

Das ist fast schon richtig formuliert, bedarf aber zumindest noch der richtigen Zuordnung: Freiheit hat soziale Gerechtigkeit zur Bedingung – soziale Gerechtigkeit hat Gleichheit zur Bedingung oder anders gesagt. Modernisierung unserer Gesellschaft bedeutet: Soviel Gleichheit wie möglich und soviel Ungleichheit wie nötig. Auf diesen Grundlagen lässt sich ein großes politisches Programm erdenken als eine Vision für die „Trendwende" und die „Modernisierung der Gesellschaft."

Steinerne Verhältnisse

Wie immer wollte ich in der ersten Kolumne des neuen Jahres vom alljährlichen Weltwirtschaftsforum in Davos berichten in Verbindung mit dem dazu rechtzeitig veröffentlichten neuen Report von Oxfam über den Stand des weltweiten Ungleichheitsdesasters. Die steinernen Verhältnisse verhärten sich von Jahr zu Jahr. Ich singe ihnen immer gerne ihre eigene Melodie vor, um sie zum Tanzen zu bringen.

Diesmal nicht, weil ich einen Moment innehalten und nach hinten schauen will, mir ist danach in diesem Winter.

Vor genau 20 Jahren hat Hartmut Dreier mich gebeten, eine Kolumne für AMOS 1-1998 zu schreiben, ohne jegliche inhaltliche Vorgabe aber mit exakt limitiertem Umfang. Das hat sich dann ohne die geringste Veränderung in jeder der folgenden AMOS-Ausgaben 20 Jahre lang fortgesetzt bis auf diesen Tag. Herausgekommen ist eine unendliche Melodie mit 80 Strophen, die die steinernen Verhältnisse zum Tanzen bringen. Sie haben es nur noch nicht begriffen, weil sie tot sind.

Vor genau 30 Jahren zu Beginn des Jahres 1988 habe ich für die Solidarische Kirche Westfalen einen Text geschrieben mit dem Titel *„Ökumenisches Zeugnis für Gerechtigkeit, Frieden und Bewahrung der Schöpfung“*. Dieses Zeugnis, verabschiedet von der Vollversammlung am 4. Juni 1989 in Siegen, war unser Beitrag für den *„Konziliaren Prozess“*, zu dem der Ökumenische Rat der Kirchen die Christen und Christinnen zu jener Zeit eingeladen und aufgefordert hatte. Den Text habe ich gerade in diesen Tagen im Internet wiederentdeckt und mich sehr darüber gefreut, dass er immer noch weltweit zugänglich ist und nicht allein in meinem vergilbten Papier von 1988.

Die in diesem Zeugnistext niedergelegten Gedanken waren und sind meine polittheologischen und sozialethischen Positionen. Hier beginnt der rote Faden, der sich 20 Jahre lang eben auch durch die 80 Kolumnen zieht zwischen Gerechtigkeit und Frieden. Ich nehme jetzt ein paar Gedankensplitter aus den Tiefen des Internets und wünsche mir, dass vielleicht die eine Leserin oder der andere Leser von der Möglichkeit Gebrauch macht, sich den vollständigen Text vor Augen zu führen und im Licht der Gegenwart zu betrachten (googeln: Westfalen und Lippe, solidarische Kirche, ökumenisches Zeugnis, 1989).

Es geht um einzelne Elemente aus dem Abschnitt Gerechtigkeit:

- *Unsere Wirtschaftsordnung ist zuerst orientiert an der Maximierung der Gewinne. Die Sozialgeschichte der Bundesrepublik Deutschland ist dadurch gekennzeichnet, dass der von allen geschaffene Reichtum– vor allem in Gestalt der Produktionsmittel – in den Händen weniger konzentriert ist. Die Massen sind besitzlos geblieben.*

- *Unsere Wirtschaftsordnung... Ist blind und taub gegenüber den arbeitslosen Männern, Frauen und den hungernden Kindern, gegenüber der Verweigerung der Menschenrechte, gegenüber dem Elend, der Armut und dem Ruin der Schöpfung. Kurz, sie verschließt sich gegenüber allen Beschädigungen, Verletzungen und Zerstörungen des Lebens.*

- *Gott will Gerechtigkeit für alle Menschen. Gottes Gerechtigkeit ist das Geschenk der Gnade an uns zu einem freien Leben als Kinder Gottes ... . Gerechtigkeit Gottes ist zugleich die Macht Gottes in der Gesellschaft zur Befreiung der Armen und aller Opfer ungerechter Strukturen. Leben ist das erste Recht des Menschen und Gott ist der Liebhaber des Lebens (Weish. 11,26).*

- *Nach Gottes Wort ist die Gerechtigkeit wie eine lebensspendende Schöpfungsmacht. Leben braucht Gerechtigkeit wie Nahrung und Wärme; darum „ströme das Recht wie Wasser und die Gerechtigkeit wie ein nie versiegender Bach" (Am. 5,24). Darum schaue „Gerechtigkeit vom Himmel" (Ps. 85,12). „Die Sonne der Gerechtigkeit" (Mal. 3,20), die das Leben erhält, gehe auf über den Menschen.*

- *Weil Gott Gerechtigkeit für das Leben will, ist der solidarische Kampf gegen soziale Ungerechtigkeit als Option für die Armen ... eine Selbstverständlichkeit. Der Schrei der Entrechteten und das Seufzen der Armen sollen nicht ungehört verhallen (Ps. 71,2). Gott steht auf, „dem Verachteten Heil zu bringen" (Ps 12,6) und die Fesseln der Unterdrückten zu lösen. Den Armen gehört das Reich Gottes; darum preist Jesus sie glücklich. Jesus ruft uns zur Nachfolge: „Niemand kann zwei Herren dienen, ihr könnt nicht Gott dienen und dem Mammon" (Matth. 6,24).*

- *Gott dienen heißt: „Sorgt für das Recht! Helft den Unterdrückten!" (Jes. 1,17). Gott verheißt uns einen neuen Himmel und eine neue Erde, seine Schöpfung und sein Reich, darinnen Gerechtigkeit wohnt (2. Petr. 3,13). Solche Verheißung gibt uns die Kraft zu sozialer Veränderung.*

- *Wir müssen uns mit Nachdruck vor Augen führen, daß unsere Wirtschaftsordnung auf einer menschenunwürdigen Wertentscheidung, ja einem lebensfeindlichen Prinzip beruht, das sich in unserer Sozialgeschichte durchgesetzt hat und in der Rechtsord-*

nung verankert ist: Das tote Kapital hat Vorrang vor der lebendigen Arbeit.

- *Diese ethische und rechtliche Festlegung besagt: ... Die Verwertung des Kapitals ist wichtiger als die Verwirklichung der Menschenwürde. Betriebswirtschaftliche Gewinne haben Vorrang vor dem Erhalt der Arbeitsplätze. Das Geld muss arbeiten, darum müssen die Menschen arbeitslos werden. Die Produkte sind wertvoller als die Produzierenden. Die Gegenstände werden veredelt, die Menschen beschädigt. Die Subjekte machen nicht die Gegenstände, sondern die Gegenstände machen die Subjekte.*

- *Auf die Spitze getrieben, gründet unsere Wirtschaftsordnung auf einer „Ethik", nach der gilt: die Sachen herrschen über die Personen, das Tote herrscht über das Lebendige, der Tod herrscht über das Leben.*

- *In der Enzyklika Laborem Exercens (1981) heißt es: „Man muss wohl vor allem ein Prinzip in Erinnerung rufen: das Prinzip des Vorranges der Arbeit gegenüber dem Kapital ... Man muss den Primat des Menschen im Produktionsprozess, den Primat des Menschen gegenüber den Dingen unterstreichen und herausstellen. Alles, was der Begriff „Kapital" – im engeren Sinne – umfasst, ist nur eine Summe von Dingen."*

Die steinernen Verhältnisse tanzen nicht, wenn man ihnen ihre eigene Melodie vorsingt. Sie hören sie nicht – sie sind taub. Sie sind unveränderbar, aber die Verheißungen auch – unser Weg geht weiter!

Marx und more

Wie die ganze Welt zu ihrem Erstaunen erfuhr, was sie schon immer wusste, war der 05. Mai 2018 der 200. Geburtstag von Karl Marx. Am 01. Mai 2018 starb Elmar Altvater im Alter von 79 Jahren. Auch im neuen Katalog von VSA steht noch immer sein „hellblaues Bändchen" von 2012 mit dem Titel „Marx neu entdecken". Jetzt ist er nicht allein. Zahlreiche Stimmen, ja, das gesamte Feuilleton sind ihm im Krisenmodus gefolgt mit der bangen Frage: „Was hat uns Karl Marx heute noch oder wieder zu sagen?" Ich interessiere mich nicht für diese aktuelle Mode, weil Marx zu jeder Zeit viel zu sagen hatte.

Bereits kurz nach der Wende stellte Heiner Müller fest: „In der Sowjetunion und in der DDR wurde der großangelegte Versuch unternommen, Marx zu widerlegen. Der Versuch ist gescheitert." Dies wird heute immer mehr Menschen deutlich, auch wenn sie nicht so genial formulieren und exakt denken können wie der Dramatiker.

Ich aber habe es zunächst einen Augenblick lang mit Elmar Altvater zu tun. Im Jahre 1998 erhielt ich die Gelegenheit in AMOS kontinuierlich eine eigene Kolumne zu schreiben, bis jetzt mehr als 20 Jahre lang 82 Texte. Ich habe all die Jahre in erster Linie mit meinen bescheidenen Mitteln Kapitalismuskritik betrieben auf der Grundlage der Menschenrechte im Blick auf Kirche und Gesellschaft. Was ich all die Jahre um mich herum sehen und erleben konnte und zu beschreiben versuchte, habe ich schon früh zusammengefasst unter dem Begriff „Die neoliberale Konterrevolution". Mir gefiel es gut, den neoliberalen Weg in eine Gesellschaft der Ungleichheit und Unfreiheit vor dem

Hintergrund unserer Sozialgeschichte als „konterrevolutionär" zu bezeichnen. Sigfried Katterle hatte mich darauf aufmerksam gemacht, dass der neoliberale Meister Milton Friedman schon 1973 selbst den Begriff zur Beschreibung seiner Position angewandt hatte. So führte ich für mich den Begriff „neoliberale Konterrevolution" ein, den Walter Wendt-Kleinberg dann auch 2010 als Untertitel in dem von ihm herausgegebenen Buch mit den ersten 50 Kolumnen verwandte. Erst im letzten Jahr entdeckte ich, dass es Elmar Altvater war, der den Begriff als erster in unserem Sprachraum eingeführt hatte. Bereits im Jahre 1981 erschien die Zeitschrift Prokla Nr. 44 unter dem Titel „Neoliberale Konterrevolution" und enthielt einen großen Artikel von Elmar Altvater mit der Überschrift „Der gar nicht diskrete Charme der neoliberalen Konterrevolution".

In meinem Weltbild bezeichnet die „Neoliberale Konterrevolution" zur Auflösung des Sozialstaates und seiner Errungenschaften alle Maßnahmen der Deregulierung, Kostenreduzierung, Privatisierung und Globalisierung. Wir sind jetzt schon eine Generation lang Zeitzeugen und ein Ende ist nicht abzusehen.

Im Gegenteil zeichnen sich immer neue Runden ab. Um die letzte Bundestagswahl herum ging es auf einmal ganz neu um „Digitalisierung": Deutschland liegt ganz hinten bei der Verbreitung des schnellen Internets. Die Regierungen kriegen da nicht viel auf die Reihe. Jetzt ist die Flächendeckung bis 2025 angekündigt. Dafür gibt es neuerdings eine Staatsministerin für Digitalisierung aus Bayern, die alle Fragen schön redet nicht zuletzt sich selbst: sie möchte auch im neuen Amt High Heels und kurze Röcke tragen während sie sich um die Digitalisierung des Flugtaxiverkehrs kümmert. Die Bundeskanzlerin und die Wirtschaft fordern eine Beschleunigung der Digitalisierung, der Bundespräsident spricht von einer notwendigen „Ethik der

Digitalisierung". Es geht um Quantität und Qualität der Arbeitsplätze. Es gibt unterschiedliche Studien. Was bedeutet Industrie 4.0 mit Cobots, Robots und vollautomatisierter Produktion, was bringt die Digitalisierung der Dienstleistungen von der Pflege bis zum papierlosen Büro? Gibt es eine menschenleere Fabrik?

Vergessen ist, dass all die Fragen bereits seit Anfang der 80er Jahre ausführlich, vielfältig kreativ oder defensiv diskutiert und beantwortet worden sind. Zu erinnern ist an Hannah Ahrend: „Der Arbeitsgesellschaft geht die Arbeit aus." Dadurch wurde in mehreren Wellen eine große Debatte ausgelöst unter der Fragestellung „Zukunft der Arbeit unter den Bedingungen der Digitalisierung".

Mit unserem kleinen "Arbeitskreis westfälischer Sozialpfarrer und Sozialreferenten" haben wir uns intensiv an dieser Diskussion beteiligt und unsere Beiträge im Jahre 2002 in einem Buch mit dem Titel „Zukunft der Arbeit in einem neuen Gesellschaftsvertrag" veröffentlicht. Darin habe ich einen längeren Text verfasst unter der Überschrift „Man muss neue Wege beschreiten, um soziale Gerechtigkeit zu erreichen". Hier wird ein Modell entwickelt, dessen Grundideen und reformerische Umsetzung zu einer Gesellschaft mit Arbeit und Einkommen für alle Menschen führen, indem die digitale Entwicklung von sozialem Fortschritt bekleidet wird. Die entscheidende Frage der Digitalisierung, die heute nicht mehr gestellt wird, lautet: Wann wird endlich die Verteilungsfrage gestellt und neu beantwortet, wenn mit immer weniger menschlicher Arbeitskraft immer mehr gesellschaftlicher Reichtum erzeugt wird? Die soziale Frage des 21. Jahrhunderts kann nicht gelöst werden ohne die Einführung eines modifizierten bedingungslosen Grundeinkommens. Auf dieser Grundlage schauen wir am 200. Geburtstag von Marx auf eine zentrale und richtungsweisende Perspektive, die er in seiner eigentümliche Weise für eine hochtechnisierte Gesellschaft eröffnet hat.

Das Zitat etwas paraphrasiert:

„Wenn die voll digitalisierte **Gesellschaft die allgemeine Produktion regelt**, wird es mir eben dadurch möglich gemacht, heute dies, morgens jenes zu tun, morgens zu jagen, nachmittags zu fischen, abends Viehzucht zu betreiben, nach dem Essen zu kritisieren, wie ich gerade Lust habe, ohne je Jäger, Fischer, Hirt oder Kritiker zu werden."

Das heißt Digitalisierung für das Gemeinwohl.

Diese Dame dort

Als vor einigen Jahren Sahra Wagenknecht die Talkschaubühne betrat und Furore machte, begegnete ihr z.B. einer der damaligen Talkkönige mit der traditionell antikommunistischen Haltung : Diese Dame dort....

Er ist inzwischen von der Bildfläche verschwunden und Sahra Wagenknecht wurde Fraktionsvorsitzende der Partei Die Linke im Bundestag. Nun hat sie in der ersten Augustwoche ein lange angekündigtes Unternehmen begonnen. Am 04. August erschien das Internetportal: „www.aufstehen.de" und am 04. September des Jahres startet die Bewegung „Aufstehen" offiziell. „Aufstehen" meint eine linke Sammlungsbewegung über die Parteigrenzen hinweg und wendet sich an alle Menschen, die von der Politik im Lande enttäuscht sind und eine machtvolle politische Wende und Bewegung für mehr soziale Gerechtigkeit und radikale Friedenspolitik wünschen und erstreiten wollen.

Es soll keine neue linke Partei geben, sondern einen neuen fundierten Anlauf auf dem Weg zur einzig möglichen Reformkonstellation: eine Rot-Rot-Grüne Mehrheit im Lande und eine R2G-Regierung in Berlin. Die Gelegenheit dazu hatte sich bereits 1998, 2002 und 2005 ergeben, ein Bündnis scheiterte immer an den Sozialdemokraten. Nun soll zunächst eine linke Sammlungsbewegung entstehen, die bereits in den ersten Tagen nach dem Erscheinen des Internetauftritts 50.000 Interessenten fand. Angesprochen werden alle Menschen, die guten Willens sind, besonders WählerIinnen oder ehemalige WählerIinnen sowie PolitikerIinnen der SPD und der Grünen, die mit der Agendapolitik auf der Linie der neoliberalen Konterrevolution nicht einverstanden sind. Erreicht werden sollen aber auch vor allem die Opfer solcher Politik, die arbeitslosen und arbeitenden Armen, die von Altersarmut betroffenen oder bedrohten Mitmenschen, die Chancenlosen auf dem Wohnungsmarkt, die Gefangenen im Niedriglohnsektor, kurz alle Mühseligen und Beladenen, denen ein auskömmliches Leben verweigert wird.

Jedem und jeder von uns ist die Bilanz der sozialen Ungerechtigkeiten und Missstände in unserem Lande bekannt, jeder und jede kann sie aus allen Ecken und Enden der Gesellschaft erweitern. Sozialkritische Medien gibt es noch, die wöchentlich neue Missstände und Ungerechtigkeiten aufdecken. Das größte Problem des Landes ist das Ausmaß der sozialen Ungleichheit. 50 Prozent der Haushalte sind völlig eigentums- und vermögenslos.

Es gibt keinen Anlass zur Hoffnung auf Veränderung. Es gibt keinen Masterplan zur Verringerung der sozialen Ungleichheit und Vermehrung der sozialen Gerechtigkeit, über den man diskutieren und für den sich viele engagieren könnten. Die frühere Reformpartei SPD löscht sich gerade unaufhaltsam aus, nachdem der Agenda-Mann sie gespalten und an den Abgrund geführt hat. Die zweite ehemalige Reformpartei ruht sich gerade aus, nachdem sie 15 Prozent erreicht hat. Die Partei der Unruhe ist im Einzelnen gut und im Gesamt kaum vernehmbar. Die Partei des Eigentums ist für Eigeninitiative. Die Partei gegen Flüchtlinge hat kein soziales Gewissen, sondern ein kaltes Herz.

Hinzu kommt noch die verdrehte Tatsache, dass 82 Prozent der Bevölkerung mit ihrer wirtschaftlichen und sozialen Situation zufrieden sind. Still ruht der See. Wer kann den steinernen Verhältnisse ihre eigene Melodie vorsingen, um sie zum Tanzen zu bringen?

Nun kommt Sahra Wagenknecht und sagt „Aufstehen und Zusammenstehen", wer links fühlt, oder anders gesagt „Aufstehen und Zusammenstehen", wer den Holzweg der ehemaligen Reformparteien verlassen, aber auf keinen Fall „rechts" werden will, oder anders gesagt „Aufstehen und Zusammenstehen", wer wie John Rawls daran glaubt, dass in jedem Menschen der unveräußerliche Sinn für Gerechtigkeit lebt oder schlummert, um geweckt zu werden.

Sahra Wagenknecht hat besonders an den Linken Jean-Luc Mélenchon gedacht, der bei der letzten Präsidentschaftswahl in Frankreich auf Anhieb ein Fünftel der Wähler für sich gewinnen konnte. Der Blick auf Emmanuel Macron dagegen ist nicht sonderlich ermutigend. Er hat zwar mit La République en Marche eine große politische Bewegung angestoßen und sich an die Macht gebracht, aber er ist ein Anhänger des Agendamanns und macht neoliberale Politik.

Ich habe nicht bemerkt, dass Sarah Wagenknecht das im Jahre 2010 entstandene linke Projekt „Institut Solidarische Moderne" im Blick hat. Hier ist ein Verein aus linken PolitikerIinnen, WissenschaftlerIinnen und AktivistIinnen am Werk, die im Crossover-Verfahren alle linken Politikansätze diskutieren, zusammenführen und weiterentwickeln wollen zu einem neuen linken Politikkonzept für eine mehrheitsfähige Linke in Deutschland.

„Aufstehen", da muss man wissen, Bewegungen kann man nicht inszenieren, Bewegungen entstehen, wenn der Kairos gekommen ist. Niemand hat die Friedensbewegung geschaffen oder inszeniert. Sie ist entstanden, als in den Herzen und Köpfen von Millionen Menschen die Gewissheit einkehrte, dass Frieden unter den Menschen nur durch Abrüstung werden und bleiben kann und nicht durch das Gegenteil.

Wenn ein Ziel sichtbar wird, bewegen sich die Menschen.

Wir haben uns in der Friedensbewegung engagiert mit unserer kleinen linken christlichen Bewegung Solidarische Kirche. Ich habe immer noch die Hoffnung, dass die große evangelische ökumenische Bewegung „Konziliarer Prozess für Gerechtigkeit, Frieden und Bewahrung der Schöpfung" neue Kraft schöpfen kann.

Darum sagen wir: Herzlich willkommen, Sahra Wagenknecht.

„Mehr Kapitalismus wagen"

Wenn diese AMOS-Ausgabe am Ende des 4. Quartals des Jahres erscheint, ist F. Merz möglicherweise am 06./07. Dezember auf dem Bundesparteitag der CDU zum neuen Parteivorsitzenden gewählt worden für ein drittes Leben. Der neue Parteivorsitzende wäre mit diesem Amt sofort Kanzlerkandidat seiner Partei für 2021 und damit möglicherweise der nächste Bundeskanzler. Merz ist ein neoliberales Urgestein, ein Apologet der sozialen Ungleichheit und ein beinharter Agent der Neoliberalen Konterrevolution, die er mit großen Schritten weiterführen würde gemäß seinem konfusen Credo „Mehr Kapitalismus wagen: Wege zu einer gerechten Gesellschaft" (2008) Der Mann ist ein Albtraum für alle VerfechterInnen einer besseren sozialen Gerechtigkeit in diesem Land nach Willy Brandts Diktum: „Mehr Gerechtigkeit wagen".

Gleichzeitig mit dem öffentlichen Erscheinen des wiedergeborenen Hardliners versucht die sterbende SPD, mit neuen Atemzügen ihren Untergang aufzuhalten. Nach dem Ende des Debattencamps der Partei am 11. und 12. November in Berlin ruft die Parteivorsitzende öffentlich die Agenda 2025 aus, mit der auf dem nächsten Parteitag begonnen werden soll. Die SPD scheint ein neues Reformprojekt zu planen jenseits der Agenda 2010 mit deren perversem Reformbegriff. „Wir werden Hartz IV hinter uns lassen." Ein neuer Sozialstaat, der den Namen verdient, soll entstehen: Die Menschen brauchen, so die Parteivorsitzende, „einen freundlichen, zugewandten, echten Sozialstaat", nötig sei endlich eine neue wirksame Grundsicherung, Bürgergeld statt Regelsätze.

Diese Töne machen mich neugierig und wecken mein Interesse. Zu Beginn der kurzen Schröder-Ära, die aber bis jetzt nachwirkt, haben Freunde und ich ein kleines sozialethisches Autorenkollektiv mit vier Mitgliedern gegründet, in dem erst diskutiert und dann publiziert wird, was aus reformistischer Sicht zu den sozialen Verwerfungen und Missständen der Zeit zu denken und zu sagen ist. Wir sind Theologen und Sozialwissenschaftler, zwei von uns gehören der Partei Die Linke an und zwei gehören zur *„Arbeitsgemeinschaft Sozialdemokraten in der SPD"*.

Die längst überfällige Kehre in der SPD als Abkehr von Schröder hat darum mein Interesse geweckt, weil wir in unserem Autorenkollektiv vor über 20 Jahren mit der Skizzierung eines neuen Sozialstaates begonnen haben angesichts des Endes der Arbeitsgesellschaft und der unsozialen Gestaltung der Entwicklung der modernen Technik. Im Jahre 2001, also vor 17 Jahren, haben wir ein Buch veröffentlicht mit dem Titel „Zukunft der Arbeit in einem neuen Gesellschaftsvertrag", das es immerhin auf drei Auflagen gebracht hat. Jeremy Rifkin und André Gorz haben uns entscheidende Anregungen gegeben. Ich habe für dieses Buch unter anderem einen längeren Text verfasst mit dem Titel „Man muss neue Wege beschreiten, um soziale Gerechtigkeit zu erreichen", in dem Elemente und Aufgaben für einen neuen Gesellschaftsvertrag erörtert werden vor dem Hintergrund der Digitalisierung. Sollte es der SPD wirklich gelingen, Reformen für einen echten und menschenfreundlichen Sozialstaat in Gestalt eines neuen Gesellschaftsvertrags auf den Weg zu bringen, wäre sie wie alle anderen auch gut beraten, sich unsere Reformpläne anzusehen, die über eine lange Zeit schon in den ersten Jahren meiner AMOS-Kolumnen wieder und wieder behandelt worden sind und heute eine utopische Erinnerung darstellen: Ich habe damals (2001!) folgende Fragen und Thesen formuliert, die die zentralen Aufgaben implizieren:

1. Woher kommen die Einkommen der Kleinen Leute in der menschen leeren Fabrik?
2. Die Einkommensquellen Weniger sprudeln immer kräftiger, die Einkommensquellen der Massen versiegen.
3. Wer auf moderne Technologien setzt in der Produktion, braucht auch moderne Formen der Distribution.
4. Wir haben die Produktionsmethoden des 21. Jahrhunderts und die Distributionsmethoden des 19. Jahrhunderts.
5. Wir produzieren mit Bill Gates und verteilen mit Bismarck.
6. Die technologischen und ökonomischen Innovationen müssen von entsprechenden sozialen und distributiven Innovationen begleitet werden.
7. Wir brauchen ein neues Konzept für eine breite und nachhaltige Einkommenssicherung aller Menschen.

Hilfreich und notwendig ist es dann, den **4-3-2-1-Weg** (2001) zu benennen:

Vier Formen der Arbeit:

- Erwerbsarbeit
- Eigenarbeit
- Haus/Familienarbeit
- BürgerIinnenarbeit

Drei Arten von Einkommen:

- Erwerbseinkommen
- Transfereinkommen
- Kapitaleinkommen

Zwei Geschlechter:

- Frauen und Männer

Eine Welt:

- Leben ist Leben inmitten von Leben, das Leben will

Auf dem 4-3-2-1 Weg zu einem neuen Gesellschaftsvertrag für einen „freundlichen, zugewandten echten Sozialstaat" werden die Zuordnungen und Beziehungen neu bestimmt. Dem Übergang zur Operationalisierung dienen 5 Leitfragen (2001):

1. Welches Einkommen soll für welche Arbeit erzielt werden?

2. Welche Arbeit soll ohne Einkommen verrichtet werden?

3. Welches Einkommen soll ohne Arbeit erzielt werden?

4. Wie sind Frauen und Männer an Arbeit und Einkommen beteiligt?

5. Was verletzt die Ehrfurcht vor dem Leben?

Davon ausgehend habe ich damals einen neuen Gesellschaftsvertrag skizziert z. B. mit einem 6-Stunden-Tag für Frauen und Männer und der Finanzierung aller bis dato freiwilligen ehrenamtlichen Arbeit (BürgerInnenarbeit) sowie zahlreichen anderen Details.
Klar ist allerdings: Wirkliche Hoffnungszeichen sind heute noch nicht zu erkennen, vieles klingt nach dem Pfeifen im Walde.

Trilogie der Männerwelten ante Social-Media-Affentheater 1990

Ich bin ganz schön alt geworden und kann mich darüber freuen. Jetzt schleiche ich gelegentlich durch meine Arbeitswelt und versuche, hinter mir aufzuräumen. Das gefällt mir, weil es manches wieder zu entdecken gilt. Ich finde alles Mögliche: Akten und Alben, Bücher und Bilder, Chroniken und Chaotisches, Deutliches und Dummes, Einmaliges und Elendes, Fröhliches und Furchtbares, Gold und Gegenteiliges, Heiteres und Haarsträubendes bis zu Wunderwerken und Wegwerfware und darüber hinaus Zählbares und Zahnloses.

Ich fand dabei die „Trilogie der Männerwelten" aus den frühen Neunzigern oder späten Achtzigern. Ich habe sie ehedem für eine Veranstaltung geschrieben und erinnere mich daran, dass die BesucherInnen damals den Text erbeten haben, was mir gefallen hat. Ich hatte die Trilogie vergessen und fand sie jetzt vergleichsweise interessant. Darum habe ich sie hier hingeschrieben.

Der Ewige-Marlboro-Mann (EMM)

Er ist Mann und hat Frauen
Er ist jung und wird nicht alt
Er ist stark und wird nicht schwach
Er lacht und trägt kein Leid
Der hat Erfolg und kennt keine Niederlagen
Er hat Kraft und nicht Krebs
Er hat Geld und keine Sorgen
Er ist Tat und nicht tot

Er ist Solipsist und nicht Nächster
Er ist aktiv und nicht passiv
Er ist vital und nicht virusanfällig
Der ist dynamisch und nicht depressiv
Er ist Herr und nicht Knecht
Er ist Gewinner und nie Verlierer
Er ist betucht und nicht behindert
Er ist braun und nicht bleich
Er schießt und wird nicht erschossen

Der Freie-Markt-Mann (FMM)

Er hat mehr als 155.000 DM Geldvermögen
Er hat ein Haus und spielt Tennis
Er hat eine Frau, ein Kind und ab und zu eine Geliebte
Er hat einen Steuerberater
Er zahlt daher nicht den Spitzensteuersatz von 53%
Er zahlt den Tricksteuersatz von unter 30%
Er ist jung und wird auch alt
Er hat eine sehr gute private Altersvorsorge
Er ist stark, kann aber auch hinfallen
Er hat eine sehr gute Berufsunfähigkeitsversicherung
Er ist vital, ist aber auch virusanfällig
Er hat eine sehr gute private Krankenversicherung
Er strebt für sich
Er ist aber auch ADAC-Mitglied und manchmal Rotarier
Er ist zumindestens im Lions-Club
Er verachtet den Vollkasko-Sozialstaat
Er liebt die Vollkasko-Privatversicherungen
Er ist ein radikaler Freiheitskämpfer
Er verwechselt die Freiheit aller mit den Privilegien weniger

Er wählt den, der ihn wählt

Der Ich-&-Mein-Magnum-Mann (IMM)

Er ist Mann, und er ist Frau
Er ist nicht mehr ganz jung und noch nicht sehr alt
Er ist sehr empfindsam sich selbst gegenüber
Er lebt allein und hat ständig eine Beziehung
Er hält seine Designerwohnung für sein Ebenbild
Er hält die Gebote: Alles was ihr wollt, das euch die Leute tun, das tut euch auch
Er leidet an der Qual der Wahl aus der Fülle
Er verwirklicht nicht sein Selbst
Er befriedigt es
Er hält an nichts fest, außer an sich selbst
Er hält Nehmen für seliger als Geben
Er hält den Kaufrausch edler Marken für eine Freiheitsbewegung
Er kennt nicht die Geschichte der Freiheit, die zu Ende ist
Er hält die Dritte Welt für eine Fata Morgana
Er hält Solidarität für ein Sonnenschutzmittel
Er hält den Kampf für Soziale Gerechtigkeit im Kopf nicht aus
Er leidet nicht an der Arbeit, denn er liebt den Erfolg
Er hält gnadenlos durch, was er will
Er hält nicht bei Rot
Er hält eine Menge Aktien
Er hält nichts von Gott
Er erhält alles für Geld
Er erhält sich selbst bis er fällt oder nicht

Jetzt ist mehr als eine Generation vergangen, und wir leben im Zeitalter des Social-Media-Affentheaters des Nichtigen und alles Möglichen. Eine feuilletonistische Abbildung desselben ist mir leider noch nicht begegnet, vielleicht auch, weil „anything goes" unfassbar ist. Das Internet ist unfassbar, und darum fehlen uns die Worte. Und was wir finden, ist morgen überholt. Auch Sascha Lobo und Richard David Precht haben noch nicht alles verstanden.

„Wir leben nicht im Kapitalismus… "

Als neulich ein junger „Aktivist" in einer Diskussion über die neue Urheberrechtsrichtlinie der EU von Prozessen im Kapitalismus sprach, antwortete Herr Z. (Generalsekretär der CDU) sinngemäß: *Wir leben nicht im Kapitalismus, wir leben in der sozialen Marktwirtschaft.*

Als K. Kühnert in einem Zeitinterview über Reformen zur Abschaffung des Kapitalismus sprach und in einschlägigen Kreisen ein Sturm der Entrüstung losbrach, äußerte sich auch Frau K-K (Parteivorsitzende der CDU und deren designierte Kanzlerkandidatin) wörtlich:

„Ich hätte nie geglaubt, dass unser alter Wahlslogan `Freiheit statt Sozialismus` noch mal bei einer Wahl so aktuell ist (…). Wir haben in Deutschland seit vielen Jahrzehnten die bessere Antwort zu Kapitalismus und Sozialismus, und das ist die soziale Marktwirtschaft, die Menschen in den Mittelpunkt stellt, die Wohlstand für alle schafft und wo jeder nach seinem Gusto leben kann. "

Alle Achtung, schöner kann man und Frau das Falsche nicht ausdrücken. Es ist nahezu unfassbar. Da fegt bald 20 Jahre lang die „neoliberale Konterevolution" durch die Welt und unser Land vollzieht hier den Übergang vom rheinischen Kapitalismus zum atlantischen Turbokapitalismus, der von den zarten Ansätzen zur sozialen Marktwirtschaft früherer Zeiten fast nichts mehr erkennen lässt. In dieser Situation ertönt dann im Brustton der Überzeugung das kontrafaktische und tatsachenimmune Urcredo aller Konservativen in tiefer Bewusst- und Besinnungslosigkeit gegenüber der Welt, in der wir leben.

Seit Beginn der Hochzeit dieser Entwicklung (1998) hatte ich die einmalige Chance, die Vorgänge bis heute mit meinen AMOS-Kolumnen aus meiner Sicht kritisch zu begleiten. Dazu gehören u.a.:

- das unaufhörliche Trommelfeuer zum Auftakt und zur heftigen Begleitung der Kontrarevolution: **Kostenreduzierung-Privatisierung-Deregulierung-Globalisierung**,
- der programmatische Kampf Markt gegen Staat,
- die dramatische Steuerentlastung für das Kapital (Körperschaftssteuer 15 Prozent),
- die halbherzige Verfolgung von Steuerflucht, -vermeidung und -betrug,
- die lange Stagnation der Reallohnentwicklung,
- die Schwächung der Gewerkschaften,
- die Zerstörung des Normalarbeitsverhältnisses,
- die Einführung der Armut durch Gesetz (Hartz IV),
- die Inkaufnahme von Arbeitslosigkeit,
- die Ausweitung des Niedriglohnsektors,
- die Ausweitung von Teilzeit- und Leiharbeit,
- die notwendige Aufteilung der Armen in Bettelarme, arbeitslose Arme und arbeitende Arme (working poor),
- insgesamt der Verrat des Urprinzips der sozialen Marktwirtschaft: soziale Verteilungsgerechtigkeit als Bedingung der Möglichkeit der Freiheit aller Menschen und nicht nur des Marktes für die Sachen,
- die Vertiefung der alten neuen Klassengesellschaft, in der die halbe Bevölkerung fast das gesamte Geld,- und Immobilienvermögen besitzt und die andere Hälfte von beidem fast gar nichts. Das reichste Dezil der Haushalte verfügt über mehr als 60 Prozent des gesamten Geldvermögens.

So lässt sich ein Element nach dem anderen aufführen, um die Spuren der Einschläge der Meteoriten aus dem neoliberalen Himmel des staatsfreien Marktes sichtbar zu halten. Die kleinen Spuren der neusozialdemokratischen Sozialpolitik in der GroKo werden gerne übersehen.

Allein die schlichte Lektüre einfacher Tageszeitungen in diesem Frühjahr hätte genügt, die kontrafaktische und tatsachenimmune Soziale Marktwirtschaftsideologie ad absurdum zu führen:

1. Im März erzählt die Presse (z.B. der Spiegel) wie alljährlich die Geschichte der Geschwister Stefan Quandt und Susanne (geb. Quandt), die als Erben zusammen 46,7% der BMW-Stammaktien besitzen und jetzt nach der Hauptversammlung mehr als 1 Mrd. Euro Dividende erhalten, Bruder: 622 Mio. Euro, Schwester: 504 Mio. Euro, zusammen 93 Mio. Euro mehr, als im Jahr davor.

2. Im April berichtet die Presse von der Antwort des Bundessozialministeriums auf eine Anfrage der Linken, dass 3,83 Mio. Vollbeschäftigte in Deutschland monatlich weniger als 2000 Euro Brutto verdienen. Die Mitarbeitenden bilden das Heer der working poor. In unserer NRW-Verfassung heißt es dazu: „Der Lohn muss der Leistung entsprechen und den angemessenen Lebensbedarf des Arbeitenden und seiner Familie decken." (Art. 24,2)

3. Rechtzeitig zum 01. Mai weist die Presse (z.B. meine Tageszeitung) darauf hin, dass heute nur noch 57 Prozent der Beschäftigten im Westen und 44 Prozent im Osten nach Tarif bezahlt werden. 1998 lagen die Zahlen im Westen noch bei 76 Prozent und im Osten bei 63 Prozent. Im Laufe der neoliberalen Konterrevolution

ist ein Prozess fortlaufenden Lohndumpings eingetreten, der schon lange immer weiter von so etwas wie sozialer Marktwirtschaft weggeführt hat.

Die Beispiele zum Tag der Arbeit 2019 zeigen, dass der Weg noch lange nicht zu Ende ist und nie zu Ende geht, wenn Leute wie die genannten an ihrer kontrafaktischen und tatsachenimmunen ideologischen Weltsicht festhalten.

Erst wenn die 2000 Tafeln in Deutschland verschwinden, ist das ein Zeichen dafür, dass wieder über soziale Gerechtigkeit geredet werden kann, die der eine wichtige Pfeiler des „Brückenmodells" Soziale Marktwirtschaft ist. Doch davon sind wir weit entfernt, weil große Teile der Eliten uns unbeirrt lehren: Wir leben in der sozialen Marktwirtschaft, *„die den Menschen in den Mittelpunkt stellt"*.

Utopische Erinnerungen

Ein Bekannter beklagte kürzlich im Gespräch die Situation und Gefühlslage derer, die sich in diesem Land und darüber hinaus für Soziale Gerechtigkeit und gründliche Reformen zur Verringerung der sozialen Ungleichheit einsetzen. Es werde immer schwerer, das tägliche Ohnmachts- und Frustrationstraining auszuhalten oder gar zu bewältigen, welches die mediale Berichterstattung über das politische, wirtschaftliche und soziale Geschehen einem abnötige.

In den Zeiten nationalistischer Maßlosigkeit, antikapitalistischer Machtlosigkeit, sozialer Sprachlosigkeit, konservativer Konfusion und vulgären Affentheaters der Nichtigkeiten erinnere ich mich gerne an zwei Bereiche, die mein berufliches Leben als Sozialethiker positiv beeinflusst und geprägt haben.

Schon im Jahre 2002, also mitten im Getöse der neoliberalen Konterrevolution, hat unser kleines „Sozialethisches Autorenkollektiv KDA 123" ein Buch veröffentlicht mit dem Titel „Zukunft der Arbeit in einem neuen Gesellschaftsvertrag". Darin wird ein gründliches Reformprogramm zur Verteilungsfrage und Zukunft der Arbeit beschrieben, das zu ansehnlicher Arbeit und ausreichendem Einkommen für alle Menschen führen kann. Da der Zeitgeist seit zwei Generationen in eine andere Richtung weht, wurde darüber viel diskutiert, aber nichts realisiert. Da andererseits aber auch nichts davon korrigiert werden musste, bleibt das Programm bis heute eine utopische Erinnerung, die mit gut gefällt.

Der zweite Bereich ist der schönste und wichtigste Bereich meines Berufslebens. Im Herbst des Jahres 1983 hat mich der Siegerländer Unternehmer Klaus Hoppmann in den Vorstand seiner Stiftung „Demokratie im Alltag" berufen. Dahinter verbirgt sich ein, wie ich es nenne, „Sozialethisches Gesamtkunstwerk", das seinesgleichen auf Erden sucht. Hoppmann hatte als junger Mann nach dem frühen Tod des Vaters das väterliche Autohaus übernommen und im Verlaufe von 13 Jahren den Gesamtbetrieb radikal reformiert. Anlässlich des 80. Geburtstags des ungewöhnlichen Unternehmers habe ich sein Lebenswerk an dieser Stelle (AMOS 2-2007) kurz skizziert und gewürdigt.[1] Das Reformwerk umfasst eine **Gewinnbeteiligung** aller Mitarbeitenden. Der jährliche Gewinn wird halbiert, die eine Hälfte wird investiert, die andere Hälfte zu gleichen Teilen (sic) an alle Mitarbeitenden verteilt. Dazu kommt eine radikale Demokratisierung durch eine **dreifache Mitbestimmung**: Paritätische Mitbestimmung in der Unternehmensleitung, klassische Mitbestimmung nach dem Betriebsverfassungsgesetz, einmalige Mitbestimmung am Arbeitsplatz durch ein flächendeckendes System von Arbeitsteams und TeamsprecherIinnen für alle Fragen, die den Arbeitsprozess vor Ort betreffen. Der krönende Schlussstein des Gesamtkunstwerks war die **Gründung der Stiftung**. Hoppmann gründete die Stiftung, um die Reform zu vollenden durch die Veränderung des Besitzes an den Produktionsmitteln. Er übertrug seinen gesamten Firmenbesitz der Stiftung als Stiftungsvermögen. Die Stiftung ist eine rein soziale Stiftung, deren Zweck die Förderung sozial benachteiligter Kinder und Jugendlicher ist. Daneben hat sie alle unternehmerischen Aufgaben als Alleingesellschafterin der Martin Hoppmann GmbH zu erfüllen. Ferner ist sie zuständig und verantwortlich für die Erhaltung und Weiterentwicklung des Hoppmann-Modells, also des sozialethischen Gesamtkunstwerks.

---

[1] Wer mehr wissen möchte, sei verwiesen auf das Buch: Klaus Hoppmann, Mehr Gerechtigkeit wagen, eine autobiographische Collage, Münster 2006

Im Oktober 1983 bin ich in den Stiftungsvorstand berufen worden und habe ihm dann 32 Jahre lang angehört bis zu meinem satzungsgemäßen Ausscheiden mit 75 Jahren im Jahre 2015. Von 1998 bis zum Ausscheiden 2015 war ich 17 Jahre lang Vorstandsvorsitzender. Über diesen Bereich meines Berufslebens bin ich besonders glücklich und auch ein wenig stolz darauf. Fast alle meine sozialethischen Vorstellungen von humaner Arbeit und gerechtem Wirtschaften konnten im Hoppmann-Modell verwirklicht werden, und ich konnte dabei mitwirken. Ein anderer Kapitalismus ist möglich: ohne Privateigentum an Produktionsmitteln, mit demokratisch geführten Betrieben, mit Beteiligung der ArbeitnehmerInnen am Ertrag der Unternehmen, mit direkten sozialen Investitionen eines Teiles der Gewinne in die Förderung Benachteiligter. Diese Erfahrung kann mir niemand mehr nehmen.

Als ich in die Stiftung eintrat, bestand das Unternehmen aus dem Hauptbetrieb und zwei Zweigstellen, als ich die Stiftung verließ, hatte das Unternehmen einen Hauptbetrieb und 10 Zweigbetriebe. Damit soll auch gesagt werden, dass das Hoppmann-Modell auch ökonomisch erfolgreich ist und auch in schweren Zeiten bestehen kann.

Stiftungen sind entweder Förderstiftungen oder operative Stiftungen. Die Hoppmann Stiftung ist beides, aber über einen langen Zeitraum hinweg war sie vor allem eine Förderstiftung für ihre Zielgruppe. Sie erhält für ihre Fördertätigkeit jährlich einen Anteil des Gewinns in Höhe von mindestens 1% des Eigenkapitals. Das waren im Verlauf der letzten 10 Jahre mehr als 1,5 Mio. Euro. Förderanträge können von Organisationen aus dem Zielgruppenbereich gestellt werden.

Die zahlreichen bewilligten Anträge habe ich vor einiger Zeit einmal in 6 Förderbereiche versucht einzuteilen:

1. Migrantenkinder und jugendliche Migranten,
2. Kinder und Jugendliche in Förderschulen,
3. Mädchen und junge Frauen in besonderen Lebenslagen,
4. Kinder und Jugendliche als Kriegs- und Gewaltopfer,
5. Kinder und Jugendliche in Projekten freier Initiativen,
6. Kinder und Jugendliche in Afrika und anderen Entwicklungsregionen.

2006 habe ich dem Vorstand eine tiefgreifende Veränderung seiner Arbeit vorgeschlagen: den Übergang von der Förderstiftung zur einer operativen Stiftung, die ein eigenes Großprojekt aufbaut und betreibt. Der damit eingeschlagene Weg nahm einen wundersamen Verlauf, weil wir von allen Seiten positive Reaktionen und größtmögliche Unterstützung erfuhren. So entsteht nun seit mehr als 10 Jahren auf dem 6 ha großen Gelände eines ehemaligen Schießübungsplatzes der Wehrmacht das „Erfahrungsfeld SCHÖNUNDGUT Fischbacherberg" für arbeitslose Jugendliche in unserem Heimatort Siegen.[2]

Das Großprojekt ist mitten im grauen Staub der Wirklichkeit der Versuch eines kleinen Zeichens in Richtung einer anderen Welt.
Beide geschilderten Bereiche meines beruflichen Lebens, so meine ich, haben es möglich gemacht, das tägliche Ohnmachts- und Frustrationstraining auszuhalten oder zu beenden.

[2] Konzept, Geschichte und Gestaltung des Projekts: www.erfahrungsfeld-schoen-und-gut.de

Verhängnisvolle „Dienstgemeinschaft"

„**D**ienstgemeinschaft" ist die offizielle gesetzliche Bezeichnung für das in Kirche und Diakonie (KuD) arbeitende Kirchenvolk.

Ich habe mich immer wieder mit diesem nebulösen Begriff „Dienstgemeinschaft" befasst und konnte mit dem heiligen Wort des kirchlichen Establishments wenig anfangen. Es findet sich nicht in der Bibel und in den kirchlichen Bekenntnisschriften. Sein Vorkommen ist auf Texte des kirchlichen Arbeitsrechts beschränkt, sowie Voten und Reden aus dem kirchlichen Establishment. Kirchliche MitarbeiterInnen erleben eher Dienstherrschaft als „Dienstgemeinschaft".

Der Sozialwissenschaftler und kirchliche Mitarbeiter Hermann Lührs (Mitglied der ARK der EKD) veröffentlichte 2007 einen bahnbrechenden Text mit dem Titel: *Kirchliche Dienstgemeinschaft, Genese und Gehalt eines umstrittenen Begriffs* (In Kirche und Recht 2007 S. 220 - 245 und weitere Veröffentlichungen). Fazit seiner historischen Spurensuche:

Zum Zeitpunkt 1930 ist die Dienstgemeinschaft kein Bestandteil des kirchlichen Lebens oder der Glaubenslehre beider Konfessionen – und zwar weder in der Weite der theologisch-enzyklopädischen Zusammenfassungen noch im engeren Funktionsbereich von Diakonie und Caritas. Die Dienstgemeinschaft kommt als Kategorie des kirchlichen Selbstverständnisses schlechterdings nicht vor.

Das Wort „Dienstgemeinschaft" ist eine schillernde Wortkonstruktion des Nationalsozialismus und hat hier seinen exklusiven Ursprung.

Ab 1934 gilt das „Gesetz zur Ordnung der Arbeit in öffentlichen Verwaltungen und Betrieben", darin heißt es in § 2 Abs. 2:

„Der Führer (i.e Betriebsführer) sorgt für das Wohl der Beschäftigten. Diese haben ihm die in der Dienstgemeinschaft begründete Treue und eingedenk ihrer Stellung im öffentlichen Dienst in ihrer Diensterfüllung allen Volksgenossen Vorbild zu sein ..."

Auf der Grundlage dieses Gesetzes wurden dann 1938 die Tarifverträge ersetzt durch die „Allgemeine Tarifordnung" und die darauf aufbauenden Tarifordnungen A und B. In den Präambeln dieser Texte heißt es:

„Im öffentlichen Dienst wirken zum gemeinen Nutzen von Volk und Staat alle Schaffenden zusammen. Die ihnen gestellte hohe Aufgabe erfordert eine Dienstgemeinschaft im Sinne der nationalsozialistischen Weltanschauung, vorbildliche Erfüllung der Dienstpflichten und ein ihrer öffentlichen Stellung angemessenes Verhalten in und außer dem Dienst."

Diese Tarifordnungen wurden durch ausdrückliche Beschlüsse kirchenleitender Organe für KuD 1938 in Kraft gesetzt.

So wurde der Begriff „Dienstgemeinschaft" in der evangelischen Kirche und ihrer Diakonie eingeführt und so ist es bis heute geblieben! Ja, er fiel in KuD auf geradezu fruchtbaren Boden, weil KuD sich zu weiten Teilen dem Zeitgeist geöffnet hatten und den Maßnahmen des NS-Regimes mehr als willig Folge leisteten. Zitat: *„Innere Mission und Nationalsozialismus gehören in Deutschland zusammen!" (Losung des Diakonietags 1933 in Hamburg)*

Unter dem Begriff Dienstgemeinschaft verwirklichte sich die ganze unmenschliche Härte der NS-Weltanschauung in der Arbeitswelt: Das

Führer-/Gefolgschaftsprinzip wurde eingeführt und Errungenschaften aus Weimar eliminiert: Vereinigungsfreiheit, Tarifautonomie, gewerkschaftliche Interessenvertretung, Streikrecht und Betriebsräte.

Nach dem Ende der NS-Diktatur gab es im Bereich der weltlichen Arbeitswelt die Begriffe Betriebs- und Dienstgemeinschaft und ihre inhumanen Implikationen nicht mehr. Nur im Bereich der Kirchen wurde bis heute an der „Dienstgemeinschaft" festgehalten einschließlich der erwähnten Implikationen. Nur musste der Begriff jetzt theologisch gefüllt werden, wie es grundlegend und wegweisend im Jahre 1952 von dem den Deutschen Christen zugehörigen Arbeitsrechtler J.W. Kalisch ausgeführt worden ist:

„Aller Dienst in den verfassten Kirchen und ihren Werken (ist, hl) eine Einheit, weil es sich da überall um Arbeit im Weinberg des Herrn, um Dienst in der Gefolgschaft Christi als des Herrn und Hauptes der Kirche handelt..." (zitiert nach Lührs)

Nützlich wurde, war und ist der Begriff als Abwehr- und Beschwichtigungsbegriff nach außen und nach innen. Er wurde und wird ins Feld geführt gegen die Rechte Beschäftigter und ihrer Gewerkschaften (z.B. Streikrecht, bessere Mitbestimmung) und für das Recht gemäß Art. 140 GG, das gesamte Arbeitsrecht als kirchliches Sonderrecht selbst zu gestalten.

Nach Erscheinen der Arbeit von Lührs ist allen bewusst, dass der Begriff „belastet" ist. Dennoch wird er weiterhin ungerührt verwendet und uminterpretiert. In jüngster Zeit liefert die EKvW dafür ein kaum glaubliches Beispiel: In einem Dialogprozess zwischen Kirche und Wissenschaft bis 2017 geht es in Westfalen um „Das Pfarramt in der Dienstgemeinschaft unserer Kirche". In diesem Zusammenhang wurde die „Beibehaltung und Interpretation des Begriffs" erneut bekräftigt. Aber eine bewusste „Uminterpretation" und „Umdeutung" des NS-Begriffs ist notwendig. Hier erfolgt sie „bewusst im Lichte der Barmer Theologischen Erklärung" (BE), der bekannten evangelischen Bekenntnisschrift aus dem Jahre 1934.

Die BE richtet sich gegen alle Versuche, Weltanschauungs- und Ordnungselemente des Nationalsozialismus in den Bereich der Kirche eindringen zu lassen z.B. via Dienstgemeinschaft (Führerprinzip gegen Geschwisterlichkeit u.a.).

So gelingt in Westfalen eine desaströse Dialektik: Der NS-Begriff, der das Führer/Gefolgschaftsprinzip impliziert, soll nun durch Verweis auf die BE (herrschaftsfreie Ordnung) das Gegenteil dessen aussagen, wofür er stand und immer stehen wird. Diese Vorgehensweise ist wider den Glauben und die Vernunft. Sie verkennt zudem, dass eine genuin nationalistische Begriffsbildung mit singulärem Gebrauch sich nicht uminterpretieren und umdeuten lässt. Dem Begriff haftet an und wohnt inne für alle Zeit der Geist derer, die ihn gebildet haben. Diakonie und Kirche müssen andere Wege finden, mit einem zentralen NS-Begriff umzugehen. Selbstverständlich enthält der Duden den Begriff nicht.

Das Hufeisendogma und der Freie Fall

Gerne hätte ich etwas Neues vielleicht sogar etwas Gutes über meine Partei geschrieben, der ich seit 50 Jahren angehöre, aber ihr freier Fall seit 2002 geht weiter. Viele sagen, dass die SPD nicht mehr zu retten sei. Es gibt wenig Interessierte, die Mutmaßungen anstellen. Die Sozialdemokratie wird nicht mehr gebraucht. Das sozialdemokratische Jahrhundert in Europa ist vorbei, gerade auch, wenn man von Deutschland nach Frankreich, England und auch nach Skandinavien schaut. Man weiß gar nicht, wofür die SPD steht. Sie hat kein Profil und kein Personal. Andere sagen, die Arbeiterpartei findet keine Resonanz mehr, weil die digitale Arbeitswelt anders funktioniert, anders strukturiert und orientiert ist.

Von allen Parteien ist ihr der Neoliberalismus am wenigsten bekommen. Dessen Credo trifft diese Partei mitten ins Herz, vielleicht der Todesstoß. Soweit ich mich erinnere, hat John Rawls in seinem Buch *Eine Theorie der Gerechtigkeit* (1971) die Behauptung aufgestellt, dass der Sinn für (soziale) Gerechtigkeit zur natürlichen unabänderlichen Ausstattung des menschlichen Wesens gehöre. Demgegenüber verfocht der Papst des Neoliberalismus Friedrich August von Hayek die empirische These, dass der Ausdruck Soziale Gerechtigkeit ein Begriff des Unsinns sei, es handele sich um einen quasireligiösen Aberglauben. Er hat gewonnen, die neoliberale Konterrevolution hat die soziale Gerechtigkeit ausgetrocknet und durch den Markt ersetzt. Es ist eine Ironie der Geschichte, dass der dritte sozialdemokratische Bundeskanzler so etwas wie der Vollstrecker neoliberaler Werte wurde z.B. durch die Agenda 2010 von 2003ff., die von 80% der Bevölkerung abgelehnt und von der Wirtschaft begrüßt wurde.

Schröder erhielt bei seinem Wahlsieg 1998 41% der Stimmen und wurde Kanzler, 2002 reichten zur Wiederwahl noch 38,5 % der Stimmen. Dann kam die Agenda, spaltete die Partei und die SPD kam ins Rutschen:

Bundestagswahl   2005 = 34%;
                  2009 = 23% (1. Groko);
                  2013 = 26% (nach der CDU/FDP Periode);
                  2017 = 21% (nach der 2. Groko);
                  2019 = 12% (nach der Europawahl).

Die SPD weiß sich nicht zu helfen. Die Kopie der Doppelspitze für den Vorsitz (von den Mitgliedern gewählt) wird wahrscheinlich nicht funktionieren. Es sieht so aus, als sei bei diesen Wahlen trotz der Doppelkandidatur die Wahl der Männer ausschlaggebend gewesen: Das gilt zumindest für das am 06.12. 2019 vom Parteitag gewählte Paar Eskens/Borjahn. Obwohl die SPD gerade auf diesem Parteitag eine Reihe von weitreichenden Maßnahmen für die Erneuerung des Sozialstaates und der Klimapolitik beschlossen wurde, gab es für die SPD keinen Aufwind oder Aufbruch durch die neue Doppelspitze. Viele lächelten über das langwierige und langweilige Wahlverfahren. Man übersah die Ansätze eines programmatischen Sprungs nach vorne.
Bemerkenswert ist jedoch, dass es eine leichte Bewegung im ARD-Deutschlandtrend gab. Gleich nach der Wahl ergab die Dezember-Umfrage 2019 13% für die Partei und im Februar 2020 waren es immerhin 16%. Diese Entwicklung ist kein Anlass zu großer Freude, aber macht auch nicht hoffnungslos.
Am Mittwoch, dem 05. Februar 2020 ereignete sich der Fall von Thüringen. Hätte die SPD ihr Wahlergebnis der Landtagswahl von 2014 in Thüringen gehalten (12 Sitze) oder auch nur einen Sitz verlo-

ren, dann hätte Rot/Rot/Grün die Mehrheit im Landtag behalten und Ramelow wäre zum Ministerpräsidenten gewählt worden.

Wählerumfragen in Thüringen zwischen dem Schwarzen Mittwoch und Mitte Februar bewegen sich für die Linke zwischen 37 und 40%, für die CDU zwischen 12 und 14%, die SPD zwischen 7 und 10%, für die Grünen zwischen 5 und 7%, die FDP flöge aus dem Landtag und die AfD schneidet noch einen Punkt besser ab. Der Fortbestand von Rot/Rot/Grün wäre mit deutlicher Mehrheit gesichert. Wie der Weg zu Neuwahlen jetzt verläuft, ist noch nicht zu erkennen.

Das Verhalten der beiden Parteien, die mit der AfD gewählt und alle anderen Optionen in den Wind geschlagen haben, lehrt uns das Fürchten: Beide klammern sich starrsinnig an das „Hufeisendogma" der frühen Jahre: Es gibt gleichhohe und gleichstarke „Brandmauern" (hinter denen das Feuer lodert) nach rechts und links in betonierter Äquidistanz zu den Guten in der Mitte. Hufeisen nannte das jüngst Robert Habeck kritisch. Hufeisen ist kein lebendiges historisches Bild, sondern ein geometrisches Symbol der unveränderlichen Erstarrung zweier Pole.

Diese Haltung ist historisch eindeutig zu widerlegen. Sie verharmlost den Faschismus in allen Varianten und ignoriert, um nur einen Punkt zu nennen, die Nachwendegeschichte der Linkspartei, die durch den Zusammenschluss von PDS und ASWG entstanden ist. Über das Unrecht in der DDR allerdings wird noch viel zu reden sein.

Die sozialreformerischen-demokratischen Kräfte in der Bundesrepublik sollten jetzt erkennen, dass sich aus den Thüringer Erfahrungen das wichtigste Projekt für die nächste Bundestagswahl ergibt: die Vorbereitung eine Kampagne für eine rot-rot-grüne Bundestagsmehrheit und eine entsprechende Regierung.

Schon einmal nach der Bundestagswahl 2005 gab es eine rot-rot-grüne Mehrheit im Bundestag mit 327 von 614 Sitzen, und danach noch einmal nach der Bundestagswahl 2013 mit 320 von 501 Sitzen. Die für die SPD verhängnisvolle GroKo hätte also schon längst Geschichte werden können.

Der letzte Deutschlandtrend vom 13. Februar vermeldet für RRG 47% der Stimmen ebenso 47% für die anderen Parteien, die in den Bundestag kämen und 7% für Parteien die draußen bleiben. Käme die SPD wider Erwarten doch noch ein bisschen mehr in Schwung, wäre eine RRG Mehrheit im nächste Bundestag ziemlich sicher und die K-Frage von vorneherein geklärt.

Coronissima

Das Unwort des Jahres wird nicht Coronakrise lauten, müsste es aber. Das Virus SARS-CorV-2 mit der Krankheitsbezeichnung Covid 19, hat sich über die ganze Welt ausgebreitet und ist somit zur Pandemie geworden gegen die noch kein Kraut gewachsen ist. Die flüchtige Momentaufnahme besagt, dass hierzulande momentan 172.239 Menschen infiziert wurden und 8 Tausend verstorben sind. Pandemisch gesprochen heißt es, es sind weltweit 4,2 Millionen Menschen infiziert worden und 300 Tausend sind verstorben.

Hierzulande fassen wir diese verstörenden Zustände und Verläufe in den euphemistischen Begriff: die Coronakrise. Mit ihm wird die Informationsgesellschaft geflutet. Die Coronakrise ist unsere tägliche Not:

Von den Frühnachrichten bis zum Nachtmagazin gibt es keine Sendung, die uns nicht mit Wichtigem oder Nichtigem dazu belehrt, ständig gibt es Liveticker, Updates, Diaries, Extras zwischen den Standardtalkshows. Gefühlt 398 mal lese, höre, sehe ich das Wort pro Tag und kann es nicht mehr hören, weil es falsch ist, es gibt keine Coronakrise, es gibt die Pandemie oder gar die Coronakatastrophe, der letzte Akt des klassischen Dramas vor dem Untergang.

Wer kann ihn aufhalten? Das RKI, neuerdings von manchen schon zu den Verschwörungstheoretikern gezählt, wiederholte gestern die Prognose: erst wenn 60-70 Prozent der Bevölkerung von dem Virus infiziert sind, dann kommt die Pandemie nach und nach an ihr Ende. Aber es kann auch sein, dass das Virus für immer unter uns bleibt. Bei solider Forschung und Erprobung kann die Entwicklung neuer Medikamente und eines Impfstoffs 2 bis 15 Jahre dauern. Vielleicht wird es auch nie einen Impfstoff geben, weil das Virus ständig mutiert. Jetzt haben wir nichts davon. Wer im Juni nach Thailand oder Ibiza fliegen will, kann solange nicht warten. Zahlreiche weitere Quellen der Ungeduld werden laufend zehnmal die Woche in Talkshows unter Anleitung des SARS-CoV-2 Experten Lindner und der einschlägigen Journalistinnen vorgeführt.

Ein weiteres Schlüsselwort beherrscht das Flutgeschehen: Runterfahren und Hochfahren. Ich kenne das nur von Aufzügen und Computern. Erst musste die Gesellschaft runtergefahren werden. Wirtschaft, Gastwirtschaft, Bundesliga, Gottesdienste, Nagelstudios. Dann muss nach einer bestimmten Zeit aus institutionsexistentiellen Gründen das Hochfahren beginnen. Die ganz neue Unübersichtlichkeit ist eingetreten, deshalb gibt es keine Polarisierung der Gesellschaft, sondern eine Zerbröselung.

Die Regenten gehen ihre eigenen Wege. Die CDU wird wieder zu einer Volkspartei und erhält 40 Prozent bei der letzten Sonntagsfrage. Die SPD-MinisterIinnen machen die Regierungsarbeit, mit der 80% der Bevölkerung einverstanden sind, und erhalten dafür in der Sonntagsfrage 15 Prozent. Das verwirrt.

Auf der Straße demonstrieren trotz Versammlungsverbot merkwürdige Allianzen des Schwachsinns mit unterschiedlichen Schwerpunkten. Eine neue Coronakrisenpartei nach der Flüchtlingskrisenpartei AfD nennt sich „Widerstand 2020" und zählte ein Weile alle Klicks auf der Homepage als Eintrittsausweis.
Alle auf der Straße sind aufgestanden, weil sie wieder frei sein wollen von allen politischen Coronaeinschränkungen. Noch nie haben sich in Deutschland eigenartigere Freiheitskämpferinnen und Freiheitskämp-

fer erhoben, bei „Widerstand 2020" z.B. eine Unternehmerin (Region Hannover), ein Rechtsanwalt aus Leipzig und ein HNO-Arzt aus Sinzigheim. Neonazis verteilen das Grundgesetz und bestimmte Beobachter sehen wie immer gewaltbereite Linksextreme.
Meine Verwirrung ist beachtlich und als hervorragende Gefühle stellen sich Schwindel und Desorientierung ein.

Ich gehe zum meinem Arzt und spreche über mich: Ich persönlich bin Hochrisikopatient, ich bin bald 80 Jahre alt und leide seit mehr als 10 Jahren an einer angesehenen chronischen Vorerkrankung. Der Arzt rät mir, eine Maske zu tragen: Keine Community-Maske, keine MNS-Maske, die haben alle, bieten aber keinen Schutz, lieber eine filtrierende Halbmaske, mindestens FFP2 mit c-Zeichen.
Alles erklärt vage Erkenntnis: es gibt keinen echten Virenschutz durch die gemachten und genannten Masken. Mein Fitness-Studio ist wieder hochgefahren, das kann ich mir beim besten Willen nicht als sinnvoll vorstellen und fahre dort nicht hoch in den 3. Stock.

Behutsam lockern, heißt jetzt die Parole, und viele Macher und Menschen sagen, wenn es dann vorbei ist, dann gibt es verschiedene Richtungsanweisungen … .

– Die einfachen Menschen sagen: … dann fahren wir sofort nach Ischgel oder gehen ins Kino und alles ist wie vorher.
– Die Macher des „Katastrophenkapitalismus" (Naomi Watts), die wichtigsten CEOs wie den Chef der Deutschen Bank Christian Sewing und den Chef des Siemenskonzerns Joe Kaeser, hörte ich sagen … dann müssen wir so schnell wie möglich die alten Verhältnisse auf der Angebotsseite wieder herstellen und enorme Investitionen mit Hilfe des Staates tätigen.

– Die Verfechter eines humanen Kapitalismus wie Maja Göpel oder Richard David Precht sagen: … dann können wir alles anders machen, die Krise als Chance nutzen und eine Welt mit strengem Klimaschutz und geringer sozialer Ungleichheit erstehen lassen.

Wir haben noch nie eine Krise als Chance genutzt. Außerdem wissen wir alle nicht, ob überhaupt etwas sein wird. Zunächst einmal vermisse ich in diesen verstörenden Zeiten einen Tag des Innehaltens mit einem landesweiten glaubwürdigen ökumenischen Trauergottesdienst auf allen Kanälen zum Andenken an die fast 8.000 Toten in unserem Land und 300.000 weltweit, die an oder mit dieser Krankheit verstorben sind, auch und gerade wenn es im wesentlichen alte Menschen sind, „die ohnehin bald verstorben wären". Diesen Tag der Trauer über den Tod von Menschen wird es bei uns nicht geben, dafür viele Tage der Freude über die Wiedereröffnung der Kitas und des Kletterwaldes.

Verständnislose Kirchenleitung

In AMOS 4-2019 habe ich unter der Überschrift „Verhängnisvolle Dienstgemeinschaft" davon berichtet, was es mit diesem genuin nationalsozialistischen Begriff „Dienstgemeinschaft" bis auf den heutigen Tag in den deutschen Kirchen auf sich hat. Seine ungebrochene Verwendung in den Kirchen in Deutschland ist ein 75 Jahre andauernder Skandal, den kaum einer thematisiert.

Am 15. Mai 2020 hat das „Sozialethische Autorenkollektiv KDA 123" (Belitz/Klute/Dr. Schneider/Wendt-Kleinberg) allen Mitgliedern der Kirchenleitung der Evangelischen Kirche von Westfalen eine 15-seitige Eingabe „Verhängnisvolle Dienstgemeinschaft" postalisch persönlich zugestellt.

Darin bitten wir die Kirchenleitung eindringlich, ja wir fordern sie nachdrücklich auf, durch entsprechende Beschlussfassungen zu bewirken, dass der Begriff „Dienstgemeinschaft" in Kirche und Diakonie aufgegeben wird und aus allen einschlägigen Gesetzen, Verlautbarungen und offiziellen Äußerungen in Kirche und Diakonie entfernt wird und zukünftig nie mehr verwendet werden soll.

Alle Leserinnen und Leser dieser Zeilen bitte ich um des gründlichen Verständnisses willen, den Text dieser Eingabe im Internet aufzusuchen und zu lesen (http://verhaengnisvolle-dienstgemeinschaft.de). Hier finden sie auch unsere ausführlichen Begründungen. Dazu gibt es Hinweise auf unser gleichzeitig erschienenes Buch „*Verhängnisvolle Dienstgemeinschaft – Abrechnung mit einem nationalsozialistischen Begriff in den Kirchen in Deutschland*".

Unsere Eingabe wurde in der Sitzung der Kirchenleitung vom 25. Juni 2020 besprochen. Wenige Tage später, am 29. Juni 2020, erfolgte eine bürokratische Reaktion in Gestalt eines Antwortschreibens im Auftrag der Kirchenleitung i.V. unterschrieben von einem Landeskirchenrat aus dem juristischen Stab des Landeskirchenamtes, der nicht Mitglied der Kirchenleitung ist.

Diese formale Handhabe führt bei uns zu dem Eindruck, dass die Kirchenleitung unsere Eingabe zu einer Behördenangelegenheit herabstufen möchte, die mit einem förmlichen Verwaltungsakt erledigt werden kann.

Eine solche Vorgehensweise war zu erwarten, ist aber völlig unangemessen, und wir lassen es dabei nicht bewenden. Wir haben der Kirchenleitung eine gut begründete historisch-theologische, theologisch-sozialethische und politisch-ethische Eingabe eingereicht, die die Substanz des Protestantismus und die Glaubwürdigkeit der Kirchen in Deutschland betrifft und einer sorgfältigen und neuen Erörterung und Antwort bedarf.

Der Form der Antwort der Kirchenleitung entspricht der Inhalt: kurz, versteinert, wagenburgartig: *„Die Kirchenleitung wird Ihrer Eingabe nicht folgen ... auf den Begriff der Dienstgemeinschaft wird in Zukunft nicht verzichtet."*

Solche pauschalen Basta-Lösungen führen dazu, dass die Kirchenleitung auf unsere Argumente nicht eingehen muss und ganze Argumentationsketten schweigend übergeht. So kann das Antwortschreiben nicht das letzte Wort in dieser zentralen Frage sein.

Die Kirchenleitung zieht sich selbst in ihrem Schreiben entschuldigend auf den Basta-Standpunkt zurück und schreibt: *„Ohne dass die Kirchenleitung sich wissenschaftlich im Einzelnen mit der Begründung Ihrer Eingabe auseinandersetzen kann* (warum nicht? WB), *soll mit dieser Antwort auf einige Punkte Ihrer Begründung eingegangen werden."* Es folgt dann vor allem der Hinweis auf unsere sehr entlarvende Synopse abgedruckt auf Seite 7 unserer Eingabe. Diese Synopse zeigt in aller Wahrheit und Klarheit die Fakten der Übernahme des genuin nationalsozialistischen Begriffs Dienstgemeinschaft und seiner Systemelemente durch Innere Mission (Diakonie) und Kirche im Jahre 1949. Diese Übernahme ist unserer Kirchenleitung auch nach 75 Jahren *„nicht nachvollziehbar"*. Dabei ist die Geschichte ganz einfach zu verstehen, wie unsere Synopse zeigt:

Nationalsozialistische Dienstgemeinschaft	Kirchliche Dienstgemeinschaft
1934	(nach Kalisch) **1952**
Außerkraftsetzung des Arbeitsrechtes des demokratischen Rechtsstaates	Herausnahme aus dem Arbeitsrecht des demokratischen Rechtsstaates
Abwesenheit von Gewerkschaften	Abwesenheit von Gewerkschaften
Keine Betriebsräte	Keine Betriebsräte
Keine Tarifautonomie	Keine Tarifautonomie
Keine Tarifverträge	Keine Tarifverträge
Kein Streikrecht	Kein Streikrecht
Führer-Gefolgschaftsprinzip	Religiös überhöhtes Treue-/Gefolgschaftsprinzip

Eine andere Arbeitswelt ist schon vor der Nazidiktatur von 1933 in der Weimarer Republik Realität gewesen auf der Grundlage der Weimarer Verfassung vom 11. August 1919:

Arbeitsrecht im demokratischen Rechtsstaat von Weimar
– Anwesenheit der Gewerkschaften,
– Betriebsrätegesetz von 1920,
– Tarifautonomie,
– Tarifverträge/Tarifordnung 1918,
– verfassungsrechtliche Koalitionsfreiheit/Streikrecht 1919.

Während die Gewerkschaften und die demokratischen Parteien nach 1945 an das Arbeitsrecht des demokratischen Rechtsstaats von Weimar anknüpften, übernahmen Innere Mission (Diakonie) und Kirche die Regelungen der Nationalsozialistischen Dienstgemeinschaft unter dem Begriff Dienstgemeinschaft. Diesen Vorgang wollen unsere Kirchenleitung und nahezu alle kirchlichen Eliten nicht nachvollziehen, weil ansonsten das gesamte kirchliche Ordnungssystem der Arbeit zusammenbrechen würde und durch ein Arbeitsrechtssystem im demokratischen Rechtsstaat ersetzt werden müsste.

Je weiter die Sozialgeschichte voranschreitet, desto näher kommt der Zeitpunkt, da diese Entwicklung eintritt.

Das Sozialethische „Autorenkollektiv KDA 123" wird mit den Mitteln, die ihm zur Verfügung stehen für dieses Ziel kämpfen. Unsere Eingabe an die Kirchenleitung hat die Argumente geliefert, und die Kirchenleitung war noch nicht bereit zu verstehen.

Darum haben wir ihr am 30. Juli 2020 als Erwiderung auf ihre verständnislose Antwort vom 29. Juni 2020 auf unsere Eingabe vom 15. Mai 2020 einen weiteren Brief geschrieben mit der Bitte um die Bearbeitung unserer unbeantworteten Fragen und unbeachteten Argumente. Der Weg ist noch lange nicht zu Ende.

Schlusslicht

Zum Jahresende 1997 fragte mich Hartmut Dreier, seit 1968 bei AMOS, ob ich nicht zukünftig in jeder Nummer des AMOS eine Kolumne vorgegebenen Umfangs und völlig freigestellten Inhalts schreiben könne und wolle auf Grundlage meiner sozialethischen Positionen, aktueller Entwicklungen und deren Beurteilung in Kirche und Gesellschaft. Ich habe damals keinen Augenblick gezögert zuzusagen und habe meine Entscheidung in keiner Sekunde bereut.

Ich bin mit Lust an die Arbeit gegangen, ohne zu wissen, worauf ich mich da einlasse und wie lange die Beauftragung dauern werde. Die erste Kolumne erschien in AMOS 1-1998 zum Thema „Reichtum in Deutschland". Die öffentliche Diskussion dieses Kernbereichs sozialer Gerechtigkeit hatte gerade begonnen und die Kolumnen bis Mitte 1999 hatten nur dieses eine Thema, später wurden die Themen vielfältiger, standen aber immer und alle unter der Frage nach sozialer Ungleichheit in Gesellschaft und Kirche.

Am 25. Oktober 2020 bin ich 80 Jahre alt geworden, und jetzt höre ich auf, AMOS-Kolumnen in Serie zu schreiben. Dieser Text für AMOS 4-2020 ist der letzte.

Niemand hat mich gedrängt oder mit dem Zaunpfahl gewinkt, nach 23 Jahren und 92 Kolumnen endlich aufzuhören.

Im Jahre 2010 waren 50 Kolumnen geschrieben, und ich wurde 70 Jahre alt. Mein langjähriger Kollege und Freund Walter Wendt-Kleinberg nahm dies zum Anlass, ein Buch mit den 50 Texten und vielen Graphiken unseres inzwischen leider verstorbenen Kollegen Hartwig

Amman herauszugeben und mir zum 70. Geburtstag zu schenken. Ich fühlte mich sehr geehrt. Das Buch trägt den schönen Titel: *„Freiheit durch Gerechtigkeit"* und den entschlossenen Untertitel: *„Schlüsseltexte zur ‚neoliberalen Konterrevolution‘"*.

2005 wurde ich 65 Jahre alt. Aus diesem Anlass haben mir damals meine Kollegen Hans-Udo Schneider und Jürgen Klute eine Festschrift gewidmet mit 25 Beiträgen von Menschen aus meinem persönlichen, beruflichen und thematischen Umfeld mit dem programmatischen Titel *„Auf dem Weg der Gerechtigkeit ist Leben"*. Ein schöner Buchtitel nach Sprüche 12,21.

Mit diesen Buchtiteln ist der Rahmen abgesteckt, innerhalb dessen sich die Inhalte meiner Kolumnen in den 23 Jahren bewegt haben. Meine sozialethische Grundthese lautete und lautet für alle Zeit: *Soziale Gerechtigkeit ist die Bedingung der Möglichkeit der gleichen Freiheit für alle Menschen.* In dieser Richtung habe ich all die Jahre bei jeder Gelegenheit gekämpft.

Auf diesem Feld habe ich zwei Pole gesetzt, an denen ich mich bei der Auswahl der Themen meiner Kolumnen in der Regel orientiert habe: Den einen Pol hat Alfred Müller-Armack (1901 bis 1978) formuliert, er war der Urheber des Begriffs und Mitbegründer der Sozialen Marktwirtschaft: *„Zwei großen sittlichen Werten fühlen wir uns verpflichtet, der Freiheit und der Gerechtigkeit. Die Gerechtigkeit muss mit und neben der Freiheit zum integralen Bestandteil unserer Wirtschaft werden."*
Den anderen Pol formuliert diametral entgegengesetzt der Urvater des Neoliberalismus Friedrich August von Hayek (1899 bis 1992): *„Der Ausdruck soziale Gerechtigkeit gehört nicht in die Kategorie des Irrtums wie der Ausdruck ‚ein moralischer Stein‘. Was heißt denn hier*

176

Gerechtigkeit? Wer ist denn da gerecht oder ungerecht? Die Natur? Oder Gott? Jedenfalls nicht Menschen, da die Verteilung, die aus dem Marktprozess hervorgeht, nicht das beabsichtigte Ergebnis menschlichen Handelns ist. Daher ist der Begriff der sozialen Gerechtigkeit in einer marktwirtschaftlichen Ordnung ... völlig sinnlos ... ein quasi religiöser Aberglaube. "

Den Verlauf der Wirtschaft und ihrer Politik zwischen den Polen haben wir alle mehr als zwei Jahrzehnte miterlebt unter dem permanenten Trommelfeuer der Postulate Kostenreduzierung-Deregulierung-Privatisierung und Globalisierung. Es ging von Elementen sozialer Marktwirtschaft der frühen Jahre hin zu einem System zunehmender sozialer Ungleichheit und Armut.

Mit meiner sozialethischen Grundthese (s.o.) habe ich immer wieder das sogenannte (christliche) Menschenbild des Konservatismus in Wirtschaft und Kirche konfrontiert. Statt „Freiheit und Verantwortung" meint die christliche Ethik „Freiheit durch Gerechtigkeit". Dabei habe ich immer daran erinnert, dass die Gleichheit aller Menschen das Zentrum jeden Gedankens an soziale Gerechtigkeit sein muss. Ein Horror für alle Gleichmachereiunheilspropheten.
Dabei bin ich ein klein wenig stolz darauf, dass ich den christlichen Gleichheitsgedanken in meinen Kolumnen unwiderlegbar neu formulieren und verbreiten konnte als christliche Trinität der Gleichheit aller Menschen in diesen Dimensionen:

1. **Mandative Egalität** aller Menschen als männliche und weibliche Geschöpfe.
2. **Peccative Egalität** aller Menschen in Verfehlung und Unvollkommenheit (früher Sünde).
3. **Renative Egalität** aller Menschen als Schwestern und Brüder.

Es ist hier kein Unterschied (Paulus). Einzelheiten finden sich in vielen Kolumnen und in den Menschenrechten.

Bei der Umsetzung in praktische Ethik, die eben nur als komparative Ethik zu denken ist, helfen John Rawls u.a.: Verringerung der Ungleichheit – Soviel Gleichheit wie möglich, soviel Ungleichheit wie nötig – optimale Ungleichheit ist möglich.

Ich habe oft darauf hingewiesen, dass die öffentliche Diskussion in Deutschland konfus ist. Ich habe immer wieder gerne kurze Zitate von wichtigen Persönlichkeiten aus der Gegenwart aufgespießt und zur Kolumne verarbeitet. Ganz am Ende meiner 23 Jahre haben noch einmal zwei prominente CDU Politiker zur Verschärfung der Konfusion beigetragen:

Der amtierende Generalsekretär in einer Talkshow: *„Wir leben nicht im Kapitalismus, wir leben in der Sozialen Marktwirtschaft.“*

Der amtierende Bundestagspräsident in einem Interview 10/2020: *„Wir haben es mit dem Kapitalismus übertrieben.“*

Ich möchte sofort mit großer Freude eine satirische Kolumne dazu schreiben, aber jetzt ist Schluss.

Autor der AMOS-Kolumnen 3-2010 bis 4-2020:

Wolfgang Belitz
(geb. 1940) Sozialpfarrer im Sozialamt der EKvW, Haus Villigst Schwerte, von 1970 bis 1997, Mitarbeiter im Sozialwissenschaftlichen Institut der EKD in Bochum von 1997 bis 2005. Lehrbeauftragter für Sozialethik und Sozialphilosophie an der Universität Münster und der Fachhochschule Düsseldorf von 1976 bis 2000, Mitglied des Vorstands der Hoppmann Stiftung von 1983 bis 2015, seit 1998 dort Vorstandsvorsitzender.

Herausgeber:

Walter Wendt-Kleinberg
(geb. 1948), als Dipl. Sozialwissenschaftler von 1976 bis 2013 im Sozialamt der Ev. Kirche von Westfalen (später Institut für Kirche und Gesellschaft), Forschungsprojekt über Personalabbau und Restrukturierungsprozesse im Bergbau und bei Opel, Bildungsreferent für Seminare mit Arbeitnehmern von Großunternehmen; Publikationen über sozialethische und industriesoziologische Themen.

Hinweis:
Die ersten Kolumnen von Wolfgang Belitz (AMOS 1-1998 - 2-2010) sind in einem Buch im Jahr 2010 unter nachfolgendem Titel erschienen:
Freiheit durch Gerechtigkeit
Schlüsseltexte zur "neoliberalen Konterrevolution"
50 kurze sozialethische Texte erschienen von 1998 bis 2010 in der Vierteljahreszeitschrift AMOS; Autor Wolfgang Belitz; Hrsg. von Walter Wendt-Kleinberg, 228 S. ill., LIT Berlin, Münster,
ISBN: 978-3-643-10937-8

AMOS

erscheint aus guten Gründen seit 1968 im Ruhrgebiet

54. Jahrgang · 1-2021 · € 5,00

WAS UNS BLÜHT

AMOS

erscheint aus guten Gründen seit 1968 im Ruhrgebiet

Wer will,
dass die Welt so bleibt, wie sie ist,
der will nicht,
dass sie bleibt.

Wer sagt:
‚Hier herrscht Freiheit‘,
der lügt;
denn Freiheit herrscht nicht.

Erich Fried (1921 - 1988)

ABO: 20 € jährlich mit 4 Ausgaben
Kostenloses Probeexemplar oder Abo bestellen bei:
AMOS-Redaktion, c/o Hartmut Dreier,
Schumannstr. 6, 45772 Marl.

www.amos-zeitschrift.de

AMOS ist seit 1968 widerborstig und unabhängig. Eine der wenigen noch präsenten Streitschriften aus dem herrschaftskritischen, linken, sozialprotestantischen Zusammenhang der letzten Jahrzehnte und der Gegenwart – regional und global, interkulturell, ökumenisch im „Konziliaren Prozess zu Gerechtigkeit, Frieden und Bewahrung der Schöpfung".

AMOS bringt alle drei Monate 24 Seiten mit dem Blick von links-unten, aus der Sicht auch von Jüngeren, kritische Beiträge zu den wichtigen Themen in einer für „Strukturwandel" beispielhaften Region wie das Ruhrgebiet, geschrieben von engagierten Autorinnen und Autoren.

AMOS wird herausgegeben und redigiert (in einem Generationenmix zwischen gut 20 und gut 80) von Wolfgang Belitz (Unna), Benjamin Benz (Recklinghausen), Robert Bosshard (Oberhausen), Robina Cronauer (Herten), Hartmut Dreier (Marl), Rolf Euler (Recklinghausen), Friedrich Grotjahn (Bochum), Rolf Heinrich (Gelsenkirchen), Stefan Hochstadt (Essen), Hans Hubbertz (Recklinghausen), Ute Hüttmann (Marl), Jürgen Klute (Herne), Carl-D.A.Lewerenz (Bochum), Marion Lillig (Recklinghausen), Axel Lippek (Bochum), Anna Musinszki (Dortmund), Niklas Rokahr (Hamm), Rebekka Scheler (Bochum), Hermann Schulz (Wuppertal), Peter Strege (Dortmund), Renate Wangelin (Bochum).